U0154456

教育哲學導論

Issues and Alternatives
in Educational Philosophy

George R. Knight 著

簡成熙 譯

五南圖書出版公司 印行

ISSUES AND ALTERNATIVES IN EDUCATIONAL PHILOSOPHY

4rd Edition

George R. *Knight*

中文讀者序

PREFACE FOR TAIWANESE READERS OF ISSUES
AND ALTERNATIVES

As an author I have been particularly pleased with the influence ISSUES
AND ALTERNATIVES IN EDUCATIONAL PHILOSOPHY has had in Tai-
wan. The volume's widespread acceptance has been gratifying to me because
it has been successful even though it largely reflects Western philosophical
and educational thinkers. While philosophic issues and the possible answers
to those issues are the same around the world, it is also true that thinkers in
the Eastern and Western worlds have not always expressed themselves in the
same ways. Thus the book's acceptance is important to me because it indi-
cates that ISSUES AND ALTERNATIVES has been able to transmit its ideas
across cultural boundaries. Of course, I am well aware that skillful teachers
undoubtedly weave Eastern thinkers and their ideas into the frameworks that
are set up in ISSUES AND ALTERNATIVES and that some might even use
a second textbook along with primary readings as they integrate the various
themes in the classroom.

My hope is that the ideas set forth in ISSUES AND ALTERNATIVES
IN EDUCATIONAL PHILOSOPHY will continue to inform and challenge
its readers in Taiwan and other nations where it is read by students in Chi-
nese. I would like to thank Dr. Cheng-Hsi Chien, dean of the College of Edu-
cation at the National Pingtung University, for his careful translating work
and for Wu-Nan Books for making the volume available to the world in the
Chinese language.

You may have some interest in my journey as an author. In the 1960s I
completed a bachelor's degree and two masters' degrees in history, philoso-

phy, and religion. That was followed in 1976 with a doctoral degree in the history and philosophy of education granted by the University of Houston. Among other things, my career has included several years as an elementary and secondary teacher and as a school administrator before I went in 1976 to teach both the philosophy and history of education at Andrews University in the American state of Michigan. I retired from Andrews University in 2006 and moved to the state of Oregon on the Pacific shore of North America. Since that time, I have lived in a rural area with my wife Bonnie. We enjoy all types of outdoor activities and have four children, eight grandchildren and two great grandchildren.

George R. Knight

　　《教育哲學導論》能在臺灣發揮影響，身為作者的我非常開心。拙作即便反映的是西方哲學與教育者的觀點，能夠引起其他地方廣泛的接納，讓我與有榮焉。我深知東西方對於哲學與教育的表述，不盡相同，但是哲學議題及其對教育提供的可能建言卻也殊途同歸。拙著能在非西方社會獲得重視，對我而言，深具意義，這代表著拙著傳遞的理念能夠跨越不同地區的藩籬。當然，我相信技能嫻熟的教師能利用本書揭示的架構，甚至於作為主要讀本外的第二教科書，在整合課堂內不同主題時，融入東方思想家的理念。

　　我期待《教育哲學導論》第四版的理念能持續形構臺灣或其他中文世界學子對教育哲學的想像，並不斷對這些理念加以挑戰。我要謝謝國立屏東大學教育學院簡成熙院長的費心翻譯，也要謝謝五南圖書出版公司讓拙著能夠在中文世界流通。

　　讀者可能對我的學術生涯有興趣。我在 1960 年代陸續完成大學及兩個歷史、哲學、宗教的碩士學位。1976 年在休士頓大學（University of Huston），獲得教育哲史的博士學位。此外，我曾擔任小學、中學教師、學校行政主管數年，1976 年後得以在美國密西根州安德烈大學（Andrews University）教授哲學與教育史等課程。我已在 2006 年從安德烈大學退休，搬到了北美瀕太平洋的俄勒岡州的郊區，與我的伴侶波妮（Bonnie）安享退休生活。我們依然熱衷各種戶外活動。我有四個子女，八個孫子，更有兩位曾孫。

喬治・奈特

作者序

本書是針對哲學與哲學課題中涉及教育專業部分所作的探討。它強調哲學起始點與教育成果——包括理論與實務兩者的關係。本書無法對每一哲學與教育派別面面俱到,也不嘗試解答問題。相反地,許多問題懸而未決,作者希望能刺激更多的討論,並繼續思索這些問題。思考是不斷奮力向前的歷程,如果學生在探索教育問題時,不會孤懸於生命的基本問題與意義之外,那研讀教育哲學的目的也就達成了。

本書的目的是要為讀者提供一個簡潔、廣泛而又清楚的教育哲學架構。已經有很多教育哲學大型或中型的教科書,獨缺簡短的導論式著作;此外,現有的一些簡短的導論性著作並無法涵蓋全貌,本書正是為填補上述差距而寫。它特別適用於大學部正在選習教育哲學的學生;研究生可藉此快速的複習此一主題;而教授教育哲學的教師們,在期望學生專注於第一手資料的研讀之餘,也可藉此書為初學者提供一廣泛而全面的視野。

本書分成三個部分,第一部分探討哲學的基本課題與哲學和教育的關係;第二部分探討傳統和當代教育哲學所面對的基本問題,以及它們對教育實務所能提供的選擇回應之道;第三部分涉及發展個人教育哲學的重要,包括方法與推行時可能受到的挑戰。

我在此謹向曾經引用過其觀念的作者致意,特別要感謝威因斯坦(Joshua Weinstein)帶我進入教育哲學的領域。當然,在我受教的過程中,深受無數作者、教師等的影響,更不待言,這些潛移默化的觀念,也成了本書資料的來源。當然,作為一本導論書,第一手資料的呈現並不很迫切,本書亦不能免於此缺失。

喬治・奈特

1982 年 4 月 19 日

（原文書）第四版序

　　本書前三版所受到的歡迎是我原先所不敢預期的，它被重印許多次，可說明作爲教育哲學的一般介紹而言，本書是適當的。所以，在第四版中，對原來的結構與內容並沒有作很大的改變，我多增添了「在家教育」一節，每章後也設計了一些問題，在內文中也特別「標示重點」。除此之外，也增添了建構主義、全球化對教育的討論。本版也增補、澄清、豐富、潤飾了原先的內容。

喬治・奈特

2007 年 11 月 15 日

譯者序

　　自赫爾巴特（J. F. Herbart）提倡教育科學化後，教育學的研究已一日千里。隨著經驗科學量化及教育工學科技的提升，培育師資的各種專業教育課程已愈來愈技術化。正如哲學已撤出了知識之王的地位，教育哲學也愈來愈喪失了教育學術的發言權，這是美國教育哲學的大勢，我國也正往同樣的路子邁進。

　　固然，教育哲學的課程在美國，無論是教育研究或是師資培育，其比重都已在日益降低。但是我們不要忘記，以 20 世紀為例，從美國早年的進步主義教育風潮，到 1957 年史潑尼克衛星的震撼，1980 年代各種危機教育報告書的出籠，吾人實不能否認思潮引領教育運動的事實。教育事業固然必須回應許多現實的需求，但是教育事業的推展卻永遠必須反映一國文化、內涵，它更有引領國家未來走向的積極使命，其重要性無庸置疑。

　　舉凡大至民族文化，小至教室的師生生活世界，無一不是教育哲學探索的素材，但是若把教育哲學視為一學科，為有效達成教學目的，將重要的教育人物、學派作精簡的歸納，以提供初學者參考，不失為有意義之工作。本書作者奈特（George R. Knight）於 2008 年四版之《教育哲學的課題與因應》（*Issues and Alternatives in Educational Philosophy*），從 1982 年初版以來，在美國是一本極受歡迎的導論性著作。為符臺灣課程所需，中文版更名為《教育哲學導論》。從這本書中，我們可以綱舉目張的領略美國教育哲學的特色，臺灣二次大戰後的整個走向，可說完全受到美國的影響，重要的教育政策也深受美國的影響，在我們尚未能完全發展一套本土的教育哲學前，探索美國教育哲學的軌跡，不失為一方便之路。同時，藉著梳理美國教育哲學內涵，我們也更能體會美國各種教育政策背後的哲學基礎。他山之石，在我們「借取」

種種美國教育制度、課程、方法時，能更審慎的反省、運用，乃至改良到我國教育生態中。所以，研究美國教育哲學不是一廂情願的完全移植，我們最終的目的仍然是要處理吾國教育生態的問題，建立屬於本土的教育哲學。譯者希望本書能有助於：

- 為正在選習教育哲學、教育史的師範院校學生提供一個廣泛的架構，使同學易於捕捉教育哲學的全貌。
- 為一般大學有志於教育工作，而選習教育學程的學生提供一精簡的教育哲學介紹。
- 為在職進修的中小學老師們提供一個教育哲學的縮型，啟發老師們探索教育實務的哲學智慧。
- 為有志於從事教育研究的研究生們，快速的掌握教育哲學之旨趣，以融入教育專業學門，如教育心理、社會學、行政、課程教材等之研究中。

為了更能彰顯上述目的，譯者乃將本書名譯為《教育哲學導論》。本書最早由筆者在 1991 年譯出二版，由復文圖書出版公司出版，後來由五南圖書出版公司取得合法授權，在 1995 年正式出版，至 2001 年止已再刷了八次，顯見尚符合國內市場需求。原書第三版在 1998 年問世，增添了後現代主義等新思潮，譯者也在邁入千禧年之後，於 2002 年完成中譯本修訂，至 2009 年間，三版也再刷了十次。轉眼之間，2008 年原書第四版問世。大體上，是以第三版作骨幹，增加了「全球化主義」、「在家教育」等議題。譯者也從善如流，在 2010 年完成第四版的修訂。我們最近也從原出版社得知，作者奈特，業已退休，祝福他身體健康。許多年輕的朋友在網路上推薦本書易讀，是重要的教師檢定與高考等入門書，就教科書的引介功能而言，本書應該扮演了積極的角色。算算從博士生的 1990 年初譯開始，已近三十年，頃刻間，譯者早已屆「知天命」之年，本書竟也伴我走過大半教育哲學教學的學術生

涯。也殷殷期盼，本書能在磨課師、翻轉教學蔚爲主流的今天，爲可畏的後生持續提供一進入教育哲學的方便法門。

過去十多年來，許多年輕的教育界朋友，無論是學者或基層教師，很多人第一次與我見面寒暄第一句話，就是曾經在求學時，讀過這本譯著。我要特別感謝全臺各校選用本書的師長，因爲有你們的支持，才能讓這本書發揮持續帶領學子入門之功能。約在譯完這本書不久後的 1996 年左右，我才偶然得知，本書其實是原作者《哲學與教育：基督教觀點》（*Philosophy and Education: An introduction in Christian perspect*, 1980）抽掉有關宗教篇章的「世俗版」。多年來，譯者一直希望能還原該書，無奈學術行政纏身。總算趁 2017 年赴美訪學休假之便將該書完成，亦已由五南圖書出版公司出版。各位師長也可以考慮選用該書，以增添學生更完整的視野。也是這個因緣，譯者也重頭再修正本書。過去因爲考量初學者，極少部分文句有簡化或錯譯部分，均一併修正還原，惟原書有些部分過於精簡，譯者仍保留之前部分章節爲讀者增添之內容與譯註。此外，爲了修習此課程之師資培育學程學生教師檢定考試所需，譯者在附錄也自行撰寫了〈教育哲學：回顧與前瞻〉一文，相信也能爲有志於教育哲學研究的研究生們提供更進一步的參考。這些更動，都或多或少改變了原作者之心血，希望能得到原作者的體諒。

最後，我願意把本書獻給我辭世的雙親，他們是我第一位，也是我永遠的老師。我的妻子侯雅齡，從最初的嬌妻，到現在也成爲臺灣資優教育、測驗統計界的知名教授，很替妳開心。也感謝體諒我這位哲學家的不食人間煙火，妳擔當了大部分的家務。本譯著初版時，我尚未有兒女，如今兒子琮庭，已念大學；女兒佳誼，轉眼間已念國中。本版的修正是全家共同在美國時，對不諳文書處理的我，沒有助理可使喚，感謝兒子的協助。長時間服務學術行政，希望兒女不會責怪我忽略對他們的照顧，也把這本書獻給兒女。我服務的學校，從屏東師範學院、屏東教

育大學，至屏東大學，也見證了臺灣師範院校的歷史縱深。在屏東大學已服務近三十年，教育哲學課堂上的學生，也激發了我再去思考原先已滿意的教育想法，所謂教學相長，謝謝來修我課的所有學生。

簡成熙

2018 年 5 月

於美國加州 Rolling Hills Estates 小城

　　很開心在 2023 年與作者 G. R. Knight 博士取得聯繫，他特別為臺灣（中文）讀者寫了一個序，並惠贈照片。期待讀者能感受到作者的學術情懷，讓這本譯著，不只是一教科書，更情牽世界各地所有關心教育的赤子之心。個人從博士求學階段的翻譯開始，已邁入耳順之年。教育科技日新月異，新冠疫情，肆虐世界。俄烏大戰，世界依然扤陧不安。ChatGPT 後，教育、教學、學習當會有想像不到的發展。不過，誠如蘇軾赤壁賦所言：「蓋將自其變者而觀之，則天地曾不能以一瞬；自其不變者而觀之，則物與我皆無盡也，……」不變的是，我們同時需要回望過去、立足當下、前瞻未來。教育哲學永遠是對教育的終極、深層反思。期許年輕的學子在臺灣當下幾乎完全以雙語、數位等職場競爭的所謂關鍵能力、素養、專業知識的洪流中，藉教育哲學的學習，重溫古典、人文、教化的時代蘊義。

簡成熙

2024 年 8 月 1 日

目　錄

Chapter 1

哲學和教育的本質

為什麼學習教育哲學

「心靈貧乏」（mindlessness）[1]是對 20 世紀美國教育最中肯和正確的批評。在教育的園地中，已經有許多的教育改革和實驗，但大多數這些活動的意圖、目標和實際需要並沒有被適當地評價。希爾伯曼（Charles Silberman）提到，教育「由於答案太多和提問太少，長久以來都在受罪當中。」[2]

波士曼（Neil Postman）以及韋恩賈特納（Charles Weingartner）指出，教育上缺乏心靈，是傳統以來只關心「如何」而不關心「為何」的現代社會生活中自然的結果。一個多世紀以來，美國業已因技術而受到無情的痛擊。這個國家，一直以來都忙於創造有關旅遊、通訊、醫療、清潔、死亡和殺戮的新技術，然而卻很少追問他們是否想要、需要和應該擁有這些進步，或是問問自己，這些所謂的進步是否代價太高。「進步」（progress）這個字眼已經被視為是新方法的意思。

波士曼和韋恩賈特納聲稱，美國的教育學家們接受了這種所謂的進步心態，他們正汲汲於創製出教導拼字的新技術、教導兩歲孩童算術的新方法、保持學校講堂安靜的新方法、測量智力的新模式……。教育工作者如此忙碌於創造和進行新的方法理論，以至於他們常不去詢問諸如「兩歲數學家是否值得獲致？」的問題。[3]

「為什麼這些就是教育（why all this education）？有什麼目的（to what purpose）？」[4]這是必須面對的兩個最重要問題，然而它們通常並沒有被嚴肅地面對。教育工作者一直是關心「活動」勝於關心「過程」；關心「手

> ✦教育工作者一直是關心「活動」勝於關心「過程」；關心「手段」勝於關心「目的」。他們從未探尋有關目的之大哉問，教育工作者的專業訓練，由於只著重方法，也助長了此一問題。

段」勝於關心「目的」。他們從未探尋有關目的之大哉問,教育工作者
的專業訓練,由於只著重方法,也助長了此一問題。

哥倫比亞大學的克里明(Lawrence Cremin)在面臨這個問題時公
允地提到:

> 極少數的美國教育界領導者能真正注意到教育的一些問
> 題,因為他們對於教育並沒有清楚的概念。我們若是對這些
> 領導者之所以被徵選和受訓練的過程作一番審視,這其間,
> 幾乎沒有什麼可以令我們有所指望。在最狹義的情況下,他
> 們通常只是監督者、促進者和政客。他們關切的是興造建築
> 物、平衡預算,以及撫慰家長,卻從未計畫要舉辦有關「教育
> 目的和方法」的盛大、公開的對談。由於缺乏這樣的討論,一
> 般大眾對於學校教育的種種運作、了解極為有限。[5]

培育一批新的教育專業人員,非常迫切。這些教育人員必須專注於
「思考有關目的之問題」,以及「認清他們在做什麼和為何做它?」[6]
一些具有教育思想的領導者正從事於振起專業的訓練,這些訓練強調教
育的人文(humanities)研究,包括歷史、哲學和文學等。使教育工作
者對於教育目的及生活的意義,能發展更清晰的視野。

在 20 世紀,教育的人文研究已經從教育的專業訓練中去除,因為
它們難以證明立即的功效。但是克里明提到:「正是這些人文研究的終
極功效(ultimate utility)才真正重要。」[7] 畢竟,除非每個人都能夠知
道他渴望什麼樣的目的和為何在眾多可能的目的中選擇其一,否則要談
論教育方法的功效是不可能的。一旦某個可欲的目的存於心中,個人便
抱持著特定的態度去思考有助於達到目的的各種方法理論之相關價值。

教育哲學的任務就是要帶領未來的教師、督學、諮商者,以及課程
專家,使他們能確實面對隱藏在教育與人生的意義、目的之下的重大問

題。爲了要理解這些問題，學生便必須與下列的難題苦熬，諸如實體
（reality）的本質、知識的意義和來源，以及價值的體系。教育哲學必
須使學生具備哲學的基本立場，以便能理智的評估可供選擇的成果，
將可欲的成果扣緊目的，並愼選與教育目的一致的教學方法。若此，
教育哲學的一個主要任務乃是幫助教育人員能深刻地思考整體的教育
和生活歷程，使他們能夠站在更好的立場去發展前後一致、兼容並蓄
的方案，協助他們的學生達到可欲的目標。

　　總而言之，學習教育哲學是要：(1) 幫助教育工作者可以熟曉教育
的基本問題；(2) 使他們能更適當地評估解決這些問題的各類廣泛建議；
(3) 幫助教育工作者清晰地思考有關生活和教育的目標；(4) 引導他們發
展出一套內在一致的觀點和方案，能夠實際地結合到更廣大的世界脈
絡中。

哲學是什麼

　　依字面上的意思，「哲學」這個
名詞意指對智慧的愛好。然而必須指
出，僅只愛好智慧不會使一個人成爲
哲學家。依專門的意義，哲學最好要
從三個角度來設想：一種活動、一組
態度和一套內容體系（見圖 1-1）。[8]

> ✦依字面上的意思，「哲學」這個
> 名詞意指對智慧的愛好。然而必
> 須指出，僅只愛好智慧不會使一
> 個人成為哲學家。依專門的意
> 義，哲學最好要從三個角度來設
> 想：一種活動、一組態度和一套
> 內容體系。

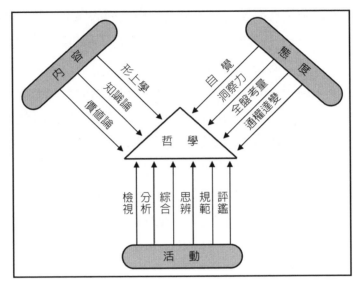

圖 1-1　哲學的面向

哲學作為一種活動

　　哲學的活動面向最好是觀察哲學家們做了些什麼。檢視（examining）、分析（analyzing）、綜合（synthesizing）、思辨（speculating）、規範（prescribing）和評鑑（evaluating），這六種活動在傳統上被視為是哲學努力的核心。

檢視

　　「檢視」可說是哲學歷程的第一步，在思想提出之前，哲學家必須先檢視證據。證據可能涉及外在的因素，也可能涉及哲學家自己內在想法與情緒的反省。哲學家當然渴望去檢視證據的所有層面，這種渴求涉及一種「整全式」（comprehensiveness）的態度，下面將接著討論。

分析

　　「分析」在哲學上著眼於澄清人類的語言，以及我們對語言的使用，其意圖在辨清我們對問題的理解和問題如何去解決。在分析時，

哲學家仔細詳查爭議中的邏輯使用，並澄清一些諸如「博雅」（liberal）、「善」（good）、「智力」（intelligence）和「動機」（motivation）等詞語，試圖評估這些詞語在各種不同脈絡中的意義。分析學派的哲學家構設了一個假定，認為人類問題的根源就在於對意義的根本誤解。

綜合

哲學家的「綜合」角色乃是關注於人類的意圖，並且必須獲得一種兼容並蓄、協調一致的人生觀，這一人生觀能為統整思想、設定志向和詮釋經驗提供基礎。對大多數的人來說，理性的存在（rational existence）（按：這裡指人類）要求有一種世界觀，藉著將這世界觀放入人類更廣闊的背景中，一些個別的活動便增添了意義。作為綜合者的角色，哲學家尋求去統一和整合人類的專門知識，使之成為一種統合的世界觀。

思辨

哲學的「思辨」層面立基於人類知識的限制之上。並沒有足夠的經科學證實的資料能為活動提供基礎。進一步地說，人類和終極存在（universal existence）最重要的層面是無法順利地以科學來處理的。倘若我們每天的日常活動不想成為機械麻木，就必須超越經驗論證的範圍。哲學的思辨功能便在於它能允許從已知到未知的理智跳躍（rational jump），這種理智的跳躍容許在相當程度的信心下，涉入未確定的領域。否則，我們將永遠受阻於懷疑。

規範

「規範」在哲學上乃是企求建立關於評鑑行為和藝術等價值的標準。「規範」常是在既定的美學判斷或道德選擇的情境中，人們「應該」如何行動或反應的表達方式。更嚴謹的說法，「規範」其任務是界定到底善惡、對錯、美醜等意味著什麼。所以規範性的哲學，其目的在於發現和揭示一些原則，以便決定哪些活動和質素是最有價值的。如果沒有規範的功能，則每一項抉擇的情境都是獨特的，那將無法建立原則。

評鑑

哲學的「評鑑」功能涉及了對某一哲學方案相關的系列規準（criteria）作精確的判斷。當然，這些判斷規準的本質，是隨著不同哲學家以及不同哲學間而有不同。我們在第 2 章討論知識的檢證時，會再討論一些評鑑哲學觀念的理論。

在 20 世紀中葉，許多哲學家早已捨棄了哲學的其他層面，而只專力於僅存的分析功能。這種情形已經使得哲學產生了窒礙的困境，哲學的訓練因而極為貧乏薄弱，並剝奪了哲學的意義及其與社會日常活動的關聯（請參考第 7 章）。充滿意義和生機的哲學必須包括上述六種核心活動的互動（interaction）和均衡（balance）。

哲學作為一種態度

哲學家對於他們的任務（task）提出了一些思考的途徑。一個具有哲學心靈的人，他有如下的特徵：自覺（self-awareness）、全盤考量（comprehensiveness）、洞察力（penetration）和通權達變（flexibility）。

自覺

自覺，也就是盡可能真誠的面對自己的偏見、臆度和成見。沒有人是公正不偏的，人類最為困難和無可捉摸的活動，乃是去掌握自己潛存的立場。我們可以這麼說，除非人們能了解到他們自己所戴的有色眼鏡是什麼顏色，否則一開始就不可能立足於正確的世界觀。一旦每一個體開始覺察到他們個人立場的後果，他們就必須將這個情況納入詮釋（interpretation）和溝通（communication）中，加以考量。

全盤考量

全盤考量涉及一種傾向，那就是對一個特定主題從廣泛的來源中，盡可能蒐集大量的相關資料，而不是沾沾自滿於狹隘的事例。這種全盤考量的態度近似於哲學的綜合功能，它志於現象全體的考量，而非

執著於部分。

洞察力

洞察力乃是一種企望，它驅使一個人在技術、時間和精力容許之下，盡可能深入問題。它抑制了膚淺表面的傾向而傾心於探求基本原理、論點和解決之道。

通權達變

通權達變可能被看成是嚴密性或「心理邏輯傾向」（psycho-logical set）的對比。通權達變的態度是一種極敏銳的形式，可以使一個人從嶄新的路徑去體察舊有的問題。它包括在面對充分證據時願意重構其觀念，以及為所抱持的觀點假想另類可行觀點的能力。然而，切不可將通權達變混同於優柔寡斷或沒有能力作決定。[9] 經過審慎的研究後，通權達變的人能決定哪個立場最為合理，進而根據決定而做出行動。「關鍵在於一個人要能自發地，甚至準備好要作改變——因為有充分的理由去改變立場。」[10]

哲學作為一種內容

前面已經提及，哲學在某些方面是一種活動和態度。假使人們涉入那些綜合、思辨、規範和分析的活動——同時具有自覺、全盤考量、洞察力和通權達變的態度——接著他們就將面臨一些有關實體、真理和價值的本質的根源問題。

哲學的內容最好是把它看成問題的楔子，而非答案的明燈，甚至可以說，哲學是對於問題的研究。莫里斯（Van Cleve Morris）提到，重要的是

✦ 哲學的內容最好是把它看成問題的楔子，而非答案的明燈，甚至可以說，哲學是對於問題的研究。莫里斯（Van Cleve Morris）提到，重要的是要「問對問題」（asking the right questions），而所謂「問對問題」，莫里斯的意思是指有意義和相關的問題——就是人們真正致力於探索且有助於改變其生活和工作的問題。

要「問對問題」（asking the right questions），而所謂「問對問題」，莫里斯的意思是指有意義和相關的問題——就是人們真正致力於探索且有助於改變其生活和工作的問題。[11]

哲學的內容環繞在三種根本的範疇（categories）而建立：

1. 形上學（metaphysics），是對於實體本質問題之研究。
2. 知識論（epistemology），是對眞理和知識性質的探討，以及如何獲致眞理和知識。
3. 價值論（axiology），是價值問題的研究。

對於這三個基本範疇的探討，將成爲第 2 章的主要題材。

教育是什麼

「在完成教育之前，我還不想結婚。」一個年輕人這麼對他的朋友宣稱。他所謂的「教育」究竟是什麼意思？他在結婚之前所希冀完成的是什麼？是教育（education）？學習（learning）？或學校教育（schooling）？這些字眼在概念上有什麼差別？假若有差別，那我們就應該掌握其間的不同，並嚴格精確地使用這些詞語。以下的論述將會提出這些概念間的區別，並提供定義，[12] 使得它們之間彼此相關但卻時常混淆的交互過程有較佳的理解。*

由以上的論述，那個年輕人的意思顯然是他在完成學校課業之前不會結婚。所以他即便使用的是「教育」這個詞語，但他意謂的卻是「學校教育」。學校教育可視爲是參與了一種機構，在此機構中，教師和學

---

* 諸如對教育、學習、訓練等詞語之意義，並沒有如此之簡單。英美的教育分析學者有極其嚴格的界定。在此，作者只是初步的描繪而已。初學者可暫時作常識性之理解即可。進一步的探討則應參考 R. S. Peters 等之《倫理學與教育》一書第一章〈教育的規準〉。

生依循規定的方式而活動運作。學校教育可以視同於正式的教育，也就是在學校所發生的教育。

學習顯然是個更難定義的概念，加上不同的學習理論專家對於學習的本質有著各種立場，依照我們現在的討論目標，學習可定義為「產生了展現新的人類行為，或改變人類行為的歷程（或是藉由相關的刺激，使得產生新行為或改變舊行為的可能性增加），而這些新行為或行為改變，並不是由於其他的因素所造成，諸如年齡的成長或疲勞等。」[13]

從這個定義中可以看出，學習是一種歷程，它不像學校教育，不必限制在一個機構的情境中。所以自己個別地學習或由他人幫助而學習，都是可能的。人們可以在學校中學習，但即使沒見過學校也同樣可以學習。學習是種終身的歷程，它可以發生於任何時間、任何地點。

教育可以視為是學習中的次類（subset）。賴士加（John A. Laska）對於學習和教育兩者作了極有幫助的區分，他定義教育為「學習者或其他人所作的有計畫的嘗試，以便控制（或引導、指導、影響、經營）學習情境，其目的在獲得所期望的學習結果（或目標）。」[14]

從這個觀點看來，教育並不限於學校教育或學校中傳統的課程、教學法。教育就如同學習，也是終身的歷程，可以發生於各種不定的環境和情況。此外，教育與廣義的學習是有區別的，因為教育有具體的理念，它是學習者或他人經由有計畫地控制而趨向期望的目標，因而教育可以視為是直接的學習，以相對於非直接或不經意的學習。

經常與教育相混淆的第四個詞語是「訓練」（training）。訓練的觀念（並不必然是這個字慣常使用的方法）在理解力的發展這個基礎上，可以與教育的觀念區分開來。理解力的成長是個體被引導對因果關係能作精熟的思考，而非只是對一連串刺激的反應而已。理解力的發展是伴隨在教育的過程中，反之，未經思慮的反應性舉動通常與訓練相關聯。訓練可以發生在動物的層次，反之，教育根本上是一種人類的經歷過程。必須注意的是，教育有時可以包括一些訓練的層次，這是由於訓

練是教育的次類，就恰如教育是學習的一個次類一般。

　　圖 1-2 闡明了學習、教育、訓練和學校教育的關係。教育和訓練是學習的特定型態，而依序，訓練又是教育的一個特定型態。學校教育與上述三種形式都相關，其關聯方式乃是：不經意的學習、[15] 教育和訓練均可發生於學校教育的情境中。但是圖 1-2 顯示，仍有許多其他的生活經驗（諸如食用午餐或上育幼院）是發生於學校，但卻與上述各種學習經驗均無必然的關聯。從圖 1-2 也可以看出，大部分的學習、教育和訓練，是發生於正式的學校情境之外。

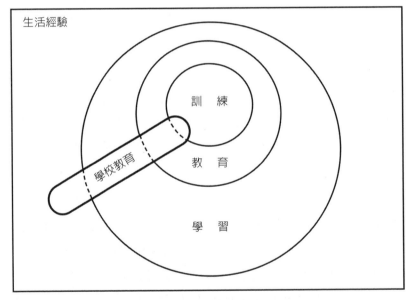

圖 1-2　學習及其相關概念的關係圖

學校在社會中的角色

學校是社會上有關學習、教育和訓練的代理機構之一，家庭、傳播媒介、同儕團體和教會也是共同分擔教育責任的機構。事實上，學校可以看成是教育過程中的次要合夥者，它與家庭和傳播媒介在兒童的大部分生活

> ✦ 學校是社會上有關學習、教育和訓練的代理機構之一，家庭、傳播媒介、同儕團體和教會也是共同分擔教育責任的機構。

中共同扮演了主要的角色。[16] 即使本書傾向於認爲教育與學校教育的關聯最爲密切，但上述這一點仍然要認識清楚。我們必須了解，就「教師」這個字的最充分意義來說，它並不僅是學校體系的一個受僱者，而應該包括傳播者、家長、牧師和同儕。同樣地，每一個電視節目或個別家庭都有其對於眞理和實體的觀點，以及一套價值觀念，這使得它們在發揮教育功能時，會趨向於選擇特定的「課程」和方法。在接下來的內容中，這個觀念並不會被反覆地提出，但卻會隱含在論述之中，而且若想獲得對教育相關歷程的最充分了解，那麼就必須認清上面這個觀念。

學校有著複雜的教育環境，更複雜的是，這個環境的組成分子並不全都擁護相同的實體、眞理和價值。這無疑減弱了學校的影響力（以及社會其他「教育者」的影響力）。關於這個世界，以及生活中什麼是重要的這些問題，我們給予孩童的是片面和任意的訊息。教育工作者必須銘記在心，即學習、教育、訓練、學校教育等都是在各種複雜勢力中運作。

討論問題

一、爲什麼要研讀教育哲學？讀不讀教育哲學對教育工作者來說，有什麼差別？

二、哲學有多面的意義，請用共通的一些話加以描述，也請從不同的面向中說明哲學的複雜性。

三、請區分學校教育、學習、訓練、教育之差異。你是用什麼標準加以區分？哪些標準會使上述概念有重複、交互浸染的可能？

四、「學校是社會主要的教育力量」，請加以反省其意義。

註釋

1. Charles E. Silberman, *Crisis in the Classroom: The Remaking of American Education* (New York:Vintage Books, 1970), p.11; cf. Joe L. Kincheloe, *Critical Pedagogy* (New York: Peter Lang, 2004), p.6.

2. Ibid., p.470.

3. Neil Postman and Charles Weingartner, *The School Book: For People Who Want to Know What All the Hollering Is About* (New York: Dell Publishing Co., 1973), pp.295-297.

4. Lawrence A. Cremin, *The Genius of American Education* (New York: Vintage Books, 1965), p.30.

5. Ibid., pp.111-112.

6. Silberman, *Crisis in the Classroom*, p.11.

7. Cremin, *The Genius of American Education*, p.112.

8. Cf. Charles D. Marler, *Philosophy and Schooling* (Boston: Allyn and Bacon, 1975), pp.5-11; Philip G. Smith, *Philosophy of Education: Introductory Studies* (New York: Harper & Row, 1965), pp.2-16.

9. Smith, *Philosophy of Education*, p.14.

10. Marler, *Philosophy and Schooling*, pp.10-11.

11. Van Cleve Morris, *Philosophy and the American School* (Boston: Houghton

Mifflin Company, 1961), pp.19-20.

12. 這些定義只是顯示了可能的定義，而非文中語詞（按：指教育、學習……等）的確切定義。因此，這些可能的定義有助於刺激對上述概念的異同之想法和討論。

13. John A. Laska, *Schooling and Education: Basic Concepts and Problems* (New York: D. Van Nostrand Company, 1976), p.6. Cf. Ernest R. Hilgard and Gordon H. Bower. *Theories of Learning*, 3d ed. (New York: Appleton-Century-Crofts, 1966), p.2.

14. Laska, *Schooling and Education*, p.7.

15. 圖 1-2 中，最大的圓是屬於所有的學習歷程，因此唯有在教育次類之外的學習，才是指不經意或非直接的學習。

16. 有關家庭的教育力量，在柯門（James Coleman）和詹克斯（Christopher Jencks）極具影響的研究中頗受強調。兩人的發現中所隱含的是：改善後的家庭比起學校更具決定性的教育效果。克里明（Lawrence A. Cremin）反映這些研究時總結道，他們（按：指柯門和詹克斯）所提供的訊息是「並非學校無能，而是家庭有力。」1977 年卡內基兒童會議（Carnegie Council on Children）的發現使得問題更形複雜。它指出，在 18 歲的年紀，一般美國的孩子花在看電視的時間比在學校或家長身邊的時間都長。

見 James S. Coleman et al., *Equality of Educational Opportunity* (Washington, DC: U.S. Department of Health, Education, and Welfare, 1966); Christopher Jencks et al., *Inequality: A Reassessment of the Effect of Family and Schooling in America* (New York: Harper and Row, 1972); Lawrence A. Cremin, *Public Education* (New York: Basic Books, 1976), p.68; Kenneth Keniston et al., *All Our Children: The American Family under Pressure* (New York: Harcourt Brace Jovanovich, 1977), p.7.

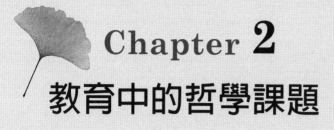

Chapter **2**
教育中的哲學課題

　　教育哲學並不是一般哲學本身的分枝，它是一般哲學應用到教育而成為人類努力結晶的一個特殊領域。在了解教育哲學的結構之前，對於哲學的基本輪廓作一些學習是不可避免的。為此，我們必須檢視一下形上學、知識論和價值論的領域。

形上學

　　形上學是哲學的一個分支，它處理實體（reality）的本質這個問題。「終極的實體是什麼？」是形上學的研究中所探討到的根本問題。

> ✦形上學是哲學的一個分支，它處理實體（reality）的本質這個問題。「終極的實體是什麼？」是形上學的研究中所探討到的根本問題。

　　乍看之下，這似乎是個簡單得不值得為它浪費時間的問題。畢竟，一般人似乎對於世界上的「實體」有很確切地了解。所以一問他們，他們都很喜歡這麼告訴你：睜大你的眼睛，去看看牆上的鐘，聽聽過往火車的聲音；或是彎下腰來，摸摸腳下的地板。他們聲稱，這些東西是真實的。

　　然而，經過思索之後，人們總是企圖詢問以下有關實體的觀念，譬如，你所站立其上的地板到底是什麼？這地板似乎可以有更加深刻的存在特性，它顯然是平的、固體的和平滑的，並有著特殊的顏色，且由一種特定的質料所構成，如木材或水泥；此外，它還支撐著你的重量。初一瞥，這是你所站立地板之實體。但是假設有個物理學家進入那房間且被問及有關地板的實體，他會回答說地板是由分子組成，分子由原子組成，原子則由電子、質子、中子所組成。而到最後，這些電子、質子和中子只不過是些電能罷了。對他來說，真實的地板只是分子運動的溫床，而且這溫床中的空隙要多於質料。一個路過的化

學家又提供了第三種對地板實體之立場。對他來講,地板是碳化氫以特定的方式所連結成的物體,且受某些環境因素的影響,譬如熱、冷、溼、乾和氧化等。

這樣看來,很明顯地,實體的問題並不像它一開始所顯示的那麼簡單。倘若連普通地板的實體都很混淆的話,則一些重大的問題如人類所探尋的宇宙實體問題又將如何呢?

形上學的層面

對形上學領域的初瞰,可以透過檢覈一連串有關實體本質的主要問題而加以掌握。誠如我們所知,形上學家的疑問都是屬於可問之中最為普遍的問題。然而有一點相當重要,那就是人們期望對其特定的問題找到滿意的答案之前,必須先掌握形上學問題的各種答案。而對這些答案作出完全的論證,將會超出了人類論證的範圍。然而,這種無法論證的現象並不會使得對這些問題的討論變成不相關或只是頭腦體操,因為人們總是將他們的日常活動和長程目標都築基在一系列的形上信念中——不管他們是否自覺地了解到這一點。甚至即使人們在解答更專門的問題——譬如物理學或生物學——時,也都無法迴避形上問題。甚且,必須注意的是,形上學的結構是現代科學的基礎。「形上學」這個名詞是由希臘字翻譯過來,意思為「物理學之後」(beyond physics)。* 它實質上代表著哲學的思辨和綜合活動,並且提供理論架構,使得科學家們得以創造世界和發展一連串的假設,這些假說是可以按其基本前提而驗證的。因而科學理論最終還是牽涉到實體的理論。科學的哲學(philoso-

---

* 西元一世紀時,Andronicus of Rhodes在編亞里斯多德全集時,將亞氏自己命名的「第一哲學」(first philosophy)或「神學」(theology)放在亞氏之物理學(physics)之後,所以後世習慣以「metaphysics」(即「物理學之後」)稱之。而「物理學之後」又有另一層涵義,那就是它(指形上學)所研究的是物理學之後更深的理論基礎。

phy of science）構成了科學實驗的基礎，這情形與教育哲學構成教育實踐的基礎極為類似。而我們也必須體認，即使是科學家，有時也會提出種種解釋，而這些解釋超越了狹隘的科學「事實」（facts），這便侵入了引用形上答案的領域。科學家們對有關宇宙神創說（creationism）或進化論（evolution）作出明確的陳述，這就是他們的立場。此時，他們已逾越了實驗的事實，並假定自己是形上學家的角色了。這種情形並不至於有什麼問題，它使得科學家和他們的學生可以自覺地了解到，他們已經跨出科學的領域而踏入更基本的形上學世界了。

形上學問題可以區劃成四個部分。首先是宇宙論（cosmology）的層面，它乃是研究作為規律體系的宇宙，其起源、本質和發展。「宇宙是如何源起和發展的？」這是個宇宙論的問題。人們對這個問題已經以各種各樣的方式加以回答了，各種不同答案之點形成了一條連續的線，線段的兩個極點分別是命定（design）和偶然（accident）。此一形上學探討的問題是關係到宇宙的目的性。是否宇宙會趨向某種目的？對這個問題作肯定的回答，則屬於目的論（teleology）。某些宗教哲學強調歷史和宇宙之目的。另一方面，許多哲學體系則傾向於接受歷史是隨機偶然和往復循環的。宇宙論其餘兩個廣受討論的問題是環繞在論辯時間與空間的本質。

第二個形上學的層面是神學（theology）層面。神學是宗教理論的一部分，它關係到對上帝（God）的觀念或有關上帝的觀念。是否有上帝存在呢？倘若有，是一個或更多？上帝的屬性是什麼？假如上帝是至善且全能的，那惡怎麼能存在？有類似於天使（angels）、撒旦（Satan）和聖靈（Holy Spirit）嗎？倘若有，它們與上帝又有什麼關聯呢？上述以及與此類似的問題在整個人類歷史上不斷地爭議著。

人們用各種不同的方式來回答上述問題。無神論者（atheists）聲稱並沒有上帝存在；但泛神論著（pantheists）則斷言上帝和宇宙兩者是同一的——所有的一切都是上帝，而上帝是所有的一切。自然神論（deists）的信仰者視上帝是自然法則和道德法則的創造者，但他們主張上帝存在於人類和物質世界之外，並不參與人類和物質世界。另一方面，有神論者（theists）則相信存在著具人格性的創造者——上帝。其中多神論（polytheism）在有關神的數量這個問題上與一神論（monotheism）相對立。多神論堅持神應是複數的，一神論則堅持只有唯一的上帝。

　　形上學的第三個層面是人類學（anthropology）。人類學從事於人類的研究。哲學的人類學面向是個獨特的領域，因為它不像其他有關人類研究的範圍，因為人類就是研究的主體，同時也是探究的對象。當人們以哲學的立場來研究人類時，他們是在敘說自己本身。哲學的人類學面向探問下列的問題：身（body）與心（mind）有何關係？身、心之間有互動嗎？心比身更為根本，因為身依賴著心，或是情形剛好相反？人類的道德狀態是什麼？是天生就有善、惡，或是中性的？個體在什麼範圍內是自由的？人們有自由意志嗎？還是人們的思想和行動都受環境和遺傳所決定？個體有靈魂嗎？倘若有，那是什麼？人們對上述這些問題顯然採取不同的立場，而這些立場反映在他們的政治、社會、宗教和教育的實踐計畫中。

　　形上學的第四個層面是本體論（ontology）（或譯為存在論）。本體論是研究有關存在的本質，或是探問「『事物的本然狀態』（anything to be）是什麼意思？」巴特（J. Donald Butler）將「isology」看成是「ontology」（本體論）的同義字，因為本體論的任務是斷定：當我們說到某物是什麼時，我們是意味著什麼？[1] 有一些問題是本體論的核心：最根本的實體是立基於物質或物理能量（我們所能感覺的世界），或是立基於精神或精神能量？實體的根本基礎是由單一的要素所構成（例如物質或精神），還是兩個（例如物質和精神），或是許多？實體本身是有秩序和有法則的，或是它只因為人類的賦予才有秩序？它的核心特徵是固定不移，還是變化不定？實體是與人性相近的、違逆的，或是中立無關的？

形上學與教育

即便很隨興的概覽歷史或當代社會，也能看出形上學的宇宙論、神學、人類學和本體論諸面向對社會、宗教、政治、經濟和科學思想與實際行動所造成的衝擊。不論何處的人們都對上述形上學問題有自己的預定答案，其日常生活也環繞和在這些假設中運作。我們的一切都逃不出形上學的抉擇，除非個人選擇了渾渾噩噩過日，即使如此，這個抉擇本身也是對人性本質和功能的一個形上學抉擇。

教育就如同其他人類活動，不能脫離形上學的範圍。研究終極實體的形上學是任何教育觀念的核心，因為學校的教育規劃是奠基於事實和實體之上，而非奇思、幻覺和空想。各類形上學信念導致了教育路向的不同，甚至因而分化成不同的教育系統。

> ✦ 研究終極實體的形上學是任何教育觀念的核心，因為學校的教育規劃是奠基於事實和實體之上，而非奇思、幻覺和空想。

為什麼猶太教徒、基督教徒和其他特殊主張的團體在免費公立學校教育已經廣泛有效的今日，每年還要花費數以百萬計的金錢去支助私人的教育系統？這是因為形上的信念關涉到終極實體的本質、人類在宇宙中的角色，以及生命的意義。不論是男人或女人，在他們最幽深的層次都受形上信念的影響而引發動機。他們會為了那些信念而生、而死，他們企望創造出教育環境，以便將這些基本信念傳授給他們的後代。

稍後在本書中會看到形上信念對各種教育問題的直接衝擊，諸如涉及課程的重要內容，如何設計同時滿足個人與社會兩者的教育制度，以及與學習者有關的教師角色的問題。

形上學的人類學面向對教育工作者的信條來說，更是特別重要。畢竟它們在一個人生命中最重要的可塑時期關聯到可塑的人類。對於學生的本質、潛能之觀點，恰好是教育歷程的基礎。

　　每一位教育人員都必須對人類本質、個人或社會需要，以及理想
人類的形象具有一些想法。所有哲學之教育目的恰好與這些想法有著
密切關聯。因此人類學的精思熟慮與教育之鵠的非常接近。楚布納德
（D. Elton Trueblood）說得好，他說道：「除非我們對『人類是什麼』
能夠很清楚，否則我們對其他事物便無法知悉。」在教育的領域中，由
哲學人類學衍生出來的重點，正如同師資培育課程中心理學所扮演的
角色。社會學亦然，但社會學在大部分的教師訓練課程中，所占的比
重較少。*2

　　學生究竟被視爲是墨利斯（Desmond Morris）所說的「裸猿」
（naked ape）** 或是「上帝之子」（chlid of God），在教育上將造成
極大的差異。兒童是否如盧梭的愛彌兒一樣天生就是善的？或者他們
的善曾受到根本的扭曲？認清這個問題是相當重要的。人類學的各種
紛紜立場將教育歷程引至極爲不同的路向，其他有關形上學對教育所
引致的衝擊之事例，在我們對教育哲學的研究中會更加明確。

知識論

+ 研究知識的本質、來源和功效的
　一個哲學分支是知識論。

研究知識的本質、來源和功效的
一個哲學分支是知識論。它尋求答覆
諸如下面的問題：「眞理是什麼？」
和「我們如何認知？」由於知識論處

＊　人類學在現代學術分類中，已屬社會科學的一環，特別是文化人類學，著重在
　　人類民俗等之探討。此處所謂的人類學是指哲學人類學，著重的是人類本質、
　　身體、心靈之探討，希望讀者不要混淆。有關對心靈、人性與教育之關聯，請
　　參考本書附錄譯者所撰。
＊＊　「裸猿」在此是指將人類視爲未開化的猿猴類。《裸猿》是墨利斯的暢銷書，
　　隱含的意義是人與一般猿類無異，蓋毛已退化，故名「裸猿」。

理到諸如「知識的可靠性」以及「各種探尋眞理方法的適用性」等問題，所以它和形上學一樣在教育歷程中居於相當核心的地位。

知識的層面

實體可以被認知嗎？

這是個邏輯上的問題，由它開始了知識論的歷險，因爲這個問題顯示了知識論和形上學間的密切關聯。站在極端的懷疑論（skepticism）立場，它聲稱知識是不可能獲得的，對眞理的追尋注定是枉然。這種想法由希臘辯者哥加斯（Gorgias, 483-376 B.C.）相當精彩地表達了出來，他主張沒有任何東西存在，即使有，我們也無法認知它。走火入魔的懷疑論將使得一切理智的和一致的行爲都變得不可能。就廣義的懷疑論而言，它經常用來指稱對任何假設或結論加以問難，直到它們可以依從於嚴格檢覈的那種態度。與懷疑論密切相關的詞語是「不可知論」（agnosticism），它是對於不知（ignorance）的專業研究，它特別涉及到上帝存在與否的問題，而不是對任何證據確鑿的知識都作斷然的否定。

大多數的人都聲稱實體可以被認知，然而一旦他們採取了這個立場，那麼他們就必須斷定實體是透過什麼來源而被認知，也必須知道如何去檢證知識。

眞理是相對的或絕對的？

所有的眞理都視條件而改變嗎？可不可能今日爲眞，到了明日就變假了呢？對上述問題的答覆若爲「是」，那麼眞理是相對的。絕對的眞理是指那種終極與普遍眞實的眞理，不受時空的影響。倘若世上有這種絕對眞理，那麼對我們便很有裨益，因爲可以去發現，並將其安置於學校課程的核心。

知識是主觀的還是客觀的？

這個問題與眞理的關係密切，莫里斯（Van Cleve Morris）提出知識的客觀性有三種基本的立場。首先，有些人認爲知識就是那種由外界

而嵌入我們心靈和神經系統的事物，就好像將鐵礦傾倒入船上的方式一樣。莫里斯聲稱，數學家和物理科學家時常以這種眼光來看待知識。

其次，有些人確信認知者在與世界交涉時，加進了一些東西，所以認知者必須為知識的結構擔負部分的責任，社會科學和行為科學的人經常這樣看待知識。

第三，也是最後的觀點，認為我們是以「純主體」而出現，它是真理的製造者，而非上述的領受者或參與者。莫里斯指出，這個立場大多由諸如藝術、文學和音樂等領域的人所持守。[3] 稍後我們將可以看到，不同的哲學派別對於真理和知識的客觀性問題都與上述的一種或兩種觀點連成一氣。

有獨立於人類經驗的真理嗎？

這個問題對於知識論來講是基本的，很可以將它用「先驗的」（a priori）和「經驗的」（a posteriori）這一對詞語來表示。先驗知識關涉到某些思想家所聲稱的，由實體的構造物所構築而成的真理，它獨立於人類認知者之外，而且無論人類是否認知或接受它，它都是真的。這類的真理被說成是先於人類的經驗而存在，無論人類知曉或接受與否，它都存在。先驗知識的一個例子是圓的圓周與直徑間的比率（圓周率 π），這個關係是圓的本質之一。

從另一方面來看，一個圓與另一圓並不存在相等關係。一圓可以大於另一圓，它們兩者可以在相同或不同的平面，或是同屬於一個圓心。我們所獲知有關這兩圓的關係之知識，必須有人類的經驗來驗證。一切涉及這兩圓的關係所得到的知識都是經驗的——它是後於人類的經驗，並依賴於人類的知曉與否。傳統哲學擁護先驗知識的優先性，它們宣稱這是因為先驗知識被認為是代表了永固和不變的世界，這個世界沒有受到人類認知者的汙染。現代哲學則倒轉了這個次序而宣稱經驗知識的優先性，事實上，他們之中有些還否認有所謂的先驗知識。

知識的來源

感官（the senses）

經驗論（Empiricism）的看法是認為知識乃經由感覺而獲得，人們藉著視、聽、嗅、觸、嚐而形成對周遭世界的圖象（pictures）。實徵性的知識被建構成人類經驗的本質，每個人都能在春光明媚的日子步出門庭，觀賞景致的幽美、聆聽鳥兒的嚶鳴、感受和煦的日光、聞嗅花朵的馨香，他們「認識」到這是春天，因為從感覺所接收到的訊息是如此。這個知識是經由觀察的資料所形成的觀念所組成。人類的感覺性認知是直接而又具有一般性的，並且在許多方面是我們大部分知識的基礎。

感官資料的呈現是無法否認的，多數的人們都因為感官資料有再現「實體」的價值而接受它。但天真地接受這種處理知識的方式，有著潛在的危險，那就是我們的感官已被證實是不完全和不可靠的。例如，大多數的人都看過，當一根棍子的一端插入水中時，它看起來是彎曲的；但在空氣中檢視時，棍子顯然是直的。疲勞、挫折和一般的感冒都會扭曲和限制了感覺性的知覺。此外，有些聲波和光波是超出人類薄弱的知覺能力，這並沒什麼值得驚訝的。人類發明了科學儀器以便擴伸自己的感官範圍，但這些儀器的可靠性無法確定，因為我們並不曉得人類的心智在記錄、詮釋和扭曲感官性知覺時產生的全部影響。對這些儀器的信任是建立在思辨性的形上學理論之上，這些理論的有效性已經被實驗所增強，在這些實驗中，形上學預言已經以理論性的方式加以有效建構了。*

---

* 所謂「形上學預言已經被科學理論所證實」，意思是指科學理論——無論是態度、儀器、實踐、法則等——的背後都預設有形上學的信念，這些信念支持著科學工作人員去實驗和發展科學，所以表面上雖然客觀而無迷信的科學在增長，主觀而玄虛的形上學地位一落千丈，但是科學的成功，可以說是科學背後的形上信念的成功，這些形上信念可以說是間接透著科學的理論包裝而被證實。

簡而言之，感官知識是建立在一些假定上，這些假定乃是我們必須信任感覺機械論的可靠性。實徵知識之所以優越，是因爲對於感覺經驗的複驗（replication）和公開檢查是開放的。

天啓（revelation）

天啓的知識（revealed knowledge）在宗教的領域中是最爲重要的，它有別於其他的知識來源，而是預設了有個超越、超自然的實體闖入了自然的規律中。天啓是有關上帝神聖意志的信息，信徒們對天啓的看法是，這種型態的知識具有特異的優越處，它源自於全知的訊息，是無法藉由其他知識論的方法去獲得的。由這種來源所獲致的眞理，被確信是絕對而未受汙染。另一方面，人們通常認爲對天啓的曲解是發生於人類的詮釋過程中，有些人認爲天啓知識的主要優越處，在於它必須靠信仰才能接受，並且它不被經驗所證明或否證。

權威（authority）

權威的知識之所以被接受爲眞，是由於它來自於專家或長時期地被認可爲傳統。在教室中，大多數訊息的來源都是一些權威，如教科書、教師或參考書籍等。

權威作爲一種知識的來源，有它的價值，但也有其危險。假如每個個人除了他或她自己能直接、第一手地經驗，否則便不願意接受任何陳述，這麼一來，文明必將陷於蕭條。接受權威的知識通常可以節省時間，並促進社會和科學的進步。另一方面，這種形式的知識，其有效性是建立在所植基假設的正確性之上，倘若權威的知識築基於錯誤的假設，那麼這種知識將必然遭到扭曲。

理性（reason）

推論、思想或邏輯是知識的核心要素。持這種看法的被視爲理性主義（rationalism）。理性論者在強調人性的思想能力和心靈對知識的貢獻時，他們樂於聲稱，光憑感覺並無法爲我們提供人與人之間都一致的普遍有效判斷。從這個觀點來看，由我們感官獲得的感覺和經驗只

是知識的素樸材料而已，感官資料在成為知識之前必須經過心靈加以組織，使成為有意義的系統。

　　就較不極端的理性主義來說，它宣稱人類擁有認知世上各種真理的能力，這是光有感覺所無法給予的。例如，假若 X 與 Y 相等，而 Y 與 Z 相等，那麼 X 與 Z 相等。我們可以了解到，上述情形之為真，是獨立於任何實際範例或經驗之外，並且可應用到盒子、三角形和其他世上的具體事物之上。在較極端的形式中，理性主義聲稱人類有能力獲得獨立於感覺經驗而無可反駁的知識。

　　形式邏輯被理性論者用來作為工具，邏輯的系統具有內在一致的優越，但也面臨了與外在世界毫無聯繫的危險。思想的邏輯系統只在其所奠基的前提下才是有效的。

直觀（intuition）

　　那種對知識的直接領悟力，而非意識推論或當下的感官知覺，被稱為「直觀」。在論述到直觀的文字中，我們經常發現這樣的表達：「確信的當下感覺」或「觸及到確信的想像力」。直觀發生於「意識閾」（threshold of consciousness）的底層，它通常令人經驗到像「猛然地靈光一閃」。許多學生在完成數學難題時都有這種經驗，他們在依難題的解決步驟去作出答案前，便已獲得了答案。

　　直觀也許是最為個人式的認知了，它是人們致力尋求解答後的發現，這種對知識的直接領悟，伴隨著一種強烈的確定感覺。在各種不同的情境，如宗教或世俗知識，直觀都被視為一種知識的來源。

　　直觀的弱點或危險在於，它在單獨使用時不像是一種獲得知識的安全方法，除非受其他認知方法的控制或檢覈，否則它很容易出錯，並且可能導致荒謬的主張。然而直觀知識與眾不同的優越處，在於它能夠跳脫出人類經驗的限制。

知識來源的互補性（the complementary nature of knowledge sources）

沒有一種知識來源能提供人類所有的知識，各種來源可以視為具有互補的關係而非對立狀態。然而，實際的情形是大部分的思想家都選擇其中的一種來源，將它視為比其他來源更為根本，然後就以這種最根本的來源為基礎，用來評估其他獲得知識的方法。例如在現代世界中，經驗的知識通常被認為是最基本的來源，多數人們都認為，任何所謂的「知識」若是與科學理論不一致，那麼它就是可疑的。對照之下，西方社會在中世紀時視理性主義和天啟這兩者主要提供了知識的架構，其他的知識來源可以在這個架構中受到檢測。

> ✦ 對照之下，西方社會在中世紀時視理性主義和天啟這兩者主要提供了知識的架構，其他的知識來源可以在這個架構中受到檢測。

知識的檢證 [4]

在人類有記錄的歷史中，可以很明顯地看到許多一度被接受為真的信念，旋即又被發現為假。我們怎麼才可以說某些信念為真而其餘為假呢？有什麼判斷標準可用？我們究竟能否斷言已經發現了真理呢？大多數的人都同意訴諸於傳統、本能和激情都不能作為真理的成熟標準，大眾的普遍認同也是值得懷疑的，因為人類可能具有相同的天生缺點。哲學家們主要相信三種真理的標準——符應論（correspondence theory）、貫通論（coherence theory）和實用論（pragmatic theory）。

符應論

符應論是以符合「事實」為判斷基準的一種真理標準。依照這種理論，真理是對客觀實體的忠實反映。譬如，「教室裡有隻獅子」這個陳述可以經由實徵的探查來驗證。倘若一個判斷符應於事實，則為真；若

沒有，則爲假。這種眞理的檢證標準爲科學工作者所執持。

符應論的批評者提出了三個主要的反對理由，首先他們問：「我們如何能拿我們的觀念和實體加以比較呢？因爲我們所知道的只是個人自己的經驗，無法跨越我們自身的經驗之外，因此我們能以本身的觀念去與實體的『純眞狀態』（pure state）作比較嗎？」其次，批評者提出，符應論似乎也普遍地假設了我們的感覺資料是清晰和正確的。第三，批評者指出這個理論是不完全的，因爲我們有些觀念在外在世界並沒有具體的存在可供對應、比較，倫理、邏輯和數學的許多心智運作，即爲顯例。

貫通論

這種理論將其信任寄託在個人所有判斷的一致與和諧。依照這個標準，當一個判斷與其他早被接受爲眞的判斷相一致時，則爲眞。眞理貫通論的擁護者指出，一個陳述被斷定爲眞或假的基礎，經常取決於它是否與那些已斷定爲眞者和諧一致。這種眞理觀的檢證標準通常由那些從事抽象觀念和發揚主智主義（intellectualism）的人所執持，而與上述符應論處理實在物質層面的人相對立。

貫通論的批評者提到，錯誤的思想體系也可以像眞的體系一樣有內在的貫通性。因此他們聲稱這種理論缺乏必需的要素，因爲它無法區分貫通的眞或貫通的假。

實用論

有一大群的現代哲學家聲稱並沒有靜態或絕對的眞理這種東西，實用主義者（將在第 4 章加以討論）反對符應論，因爲他們相信人們所知曉的只是自己本身的經驗；他們也駁斥貫通論，因爲它是形式的和純理論的，在貫通論所構築的知識天地中，我們無法得悉任何有關「實體」、「本質」和「終極實體」。實用論者視眞理的標準爲它的實用性、可用性和滿意的效果。在杜威（John Dewey）和詹姆士（William James）的想法裡，眞理就是行動（works）。

　　傳統主義者看出了這種眞理標準的危險，因爲它導致了相對主義，在這種意義下，將產生這個對你而言是眞理，而那個對我而言才是眞理的情形。批評者又說，在人類有限的經驗範圍中，一旦對他們視爲構成宇宙本質的外在實體加以檢測，這種「檢測行動」可能是虛妄不實的。

知識論與教育

　　知識論就如形上學一樣，立基於人類的思想和行動上。由於教育系統處理到知識問題，因此知識論是教育信念和教育實踐的首要決定因素。知識論在許多方面對教育造成直接的衝擊，譬如對各種知識來源的假設必然會反映在課程的強調上。那些建立在自然主義前提並持守科學是知識首要來源的學校系統，其課程和課程內容無疑將有別於持守天啓爲特定知識來源的宗教學校。關於知識如何由個人或事物而傳遞（communication）到另一人的這種知識論假設，也會影響到教學方法的理論和教師在教育情境中的功能。教育工作者必須先了解自己的知識論假定，才能有效的具體運用在教學上。

> ✦ 那些建立在自然主義前提並持守科學是知識首要來源的學校系統，其課程和課程內容無疑將有別於持守天啓爲特定知識來源的宗教學校。

形上─知識的兩難

　　顯然地，人類可以說是懸吊在形上學與知識論的半空中，問題在於我們不可能作出有關實體的陳述而卻不先有一種獲致眞理的理論；反過來說，眞理的理論若不先對實體有特定概念，則無法發展。我們落入了循環的困境中。

　　透過對基本問題的研討，人們被迫認清了自己在宇宙中的微渺和無知。他們必須了解到，沒有任何公開或完全被所有人所接受的終極

證明（final and ultimate proof），能保證我們所認知事物的確定性。[5]
每一個人——包括懷疑論者、不可知論者、科學家、商人、印度教徒和
基督教徒——都生活在特定的信仰中。接受了形上學和知識論的某種立
場，意味著個人自己所作的「信仰抉擇」（faith-choice），它將伴隨著
對某種生活方式的承諾。

　　實體—眞理兩難的這種循環性質顯然並非哲學思想上最值得探討
的，但由於有這種情況存在，所以我們有責任要認清它。當然這整個問
題不會對精思熟慮的科學家構成驚奇，因爲這些科學家能夠掌握他們這
門技術的限制所在和這門技術的哲學基礎。這個問題也不會對特定宗教
信條的信仰者造成恐慌，他們本來就將基本信念視爲個人抉擇、信仰和
承諾。然而對一般那些被制約（condition）成無條件地信仰現代科學的
人們，這個問題的確會帶來極大的震驚，形成困擾的課題。

　　形上—知識兩難的結論是所有人都活在自己所選擇的基本信仰
中，不同的在形上—知識的連續體（continuum）＊中都作了不同的信仰
抉擇，因此也有了各種的哲學立場。

　　本書接下來幾章將檢視不同的哲學抉擇在教育上的應用。但在探討
該部分的內容之前，我們還必須探索一下哲學內容的第三個主要領域。

＊　「形上—知識的連續體」是指形上學和知識論兩者關係千絲萬縷，無法截然指
　　出兩者的確切分界點，因爲形上信念預設著知識信念，知識信念又預設了形上
　　信念，所以兩者便構成了一個連續而難以分割的領域，在此依照書中原文而譯
　　爲「形上—知識的連續體」。

價值論

✦價值論是哲學的分支，它尋求
解答下面的問題：「什麼是價
值？」

✦每種價值系統並不是普遍受到認
可，對形上學和知識論持不同
的立場，會導致價值系統的差
異，因為價值論的系統是建立在
對於實體和真理的觀念上。

　　價值論是哲學的分支，它尋求解答下面的問題：「什麼是價值？」人們對價值的興趣是基於人類是價值性存有的事實。人類企望會有某些事物勝過其他事物，他們是有所偏好的。理性個體和社會的生活是立基於某種價值系統之上。每種價值系統並不是普遍受到認可，對形上學和知識論持不同的立場，會導致價值系統的差異，因為價值論的系統是建立在對於實體和真理的觀念上。

　　價值問題是處理個人或社會普遍認為何者是「善」或較優的這種觀念。當同一個社會或個人持守著兩種不同的善或價值的觀念時，那麼問題就來了。例如一個社會可能認定清潔的空氣和水是好的（善的），但這個社會也可能反過來為了另一個善──金錢和物質──而製造地球上的汙染。在這個事例中，很明顯地有著價值的緊張狀態──介於人們嘴裡所講的善和他們日常行為之間的緊張性。因此人們可以問：「哪一個才是真正的價值？是人們所說的還是所做的呢？」

　　墨利斯（Charles Morris）將那種人們講出卻沒做到的善稱為「擬想的價值」（conceived values）；那些人們在行為上做出來的善，他歸屬為「行動的價值」（operative values）。[6] 莫里斯（Van Cleve Morris）進一步超越了擬想價值和行動價值的區分，他認為這種區分只不過是末流（tactical），更重要的是要去探討「何者應該優先考慮？」（what we ought to prefer）之問題。[7] 換句話說，他主張對於教育人員，最具決

定性的關鍵是在於決定人們所應優先的是什麼，而不是去界定和辨清究竟是說出或做出何者具有優先性。

　　價值論就如同形上學和知識論，穩立於教育歷程的基礎中。教育的一個主要面向正是涉及優先性的發展問題。教室就像座價值的劇院，在其中，教師無法隱藏自己的道德原形。在價值論的領域中，教師不斷地透過自己的行為而教授學生，這些學生是一群極易受影響的年輕人，他們吸收和模仿教師的價值系統而深受影響。價值論有兩個主要支脈——倫理學和美學。

倫理學

　　倫理學是道德價值和道德行為的研究，它尋求回答這樣的問題：「什麼是我應該做的？」「對所有人都好的生活是什麼？」和「什麼是良好的行為？」倫理學關涉到提供正當的價值以便作為正當行為的基礎。

　　悌塔斯（Harold Titus）和史密斯（Marilyn Smith）聲稱，道德問題是我們這個時代的核心關鍵。[8] 全球社會已經歷史無前例的科技進步，但在倫理和道德觀念上卻全然沒有重大的進展。

　　1952 年康茲（George S. Counts）提出，西方社會是如此狂迷於科技上的進步，以至於認為人類的進步大部分是由於科技的緣故。進步意味著愈來愈多的機械裝置、更加省力的設備、更快捷的運輸，以及更舒適的物質生活。康茲說：「今天，我們是從痛苦中學習。這種科技的進步若不伴隨著在理解和價值、習俗和制度、態度和忠誠上作個同等深遠的重建，那麼將帶來麻煩和災難。」[9] 10 年後，他在撰寫相同的主題時引用火箭權威馮布倫（Wernher Von Braun）的警告說：「倘若世界的倫理水準無法提升至科技革命的標準，那麼我們人類將要滅亡！」[10]

　　倫理學的研究對於世界文明來說相當重要，因為透過「和平的」工業過程可以產生摧毀自然秩序的力量，或者由於核子戰爭，將會猛烈地

滅絕現有的文化。科學和科技本身是道德中性的，但對於它們的使用則
關涉到倫理的考慮。

　　無論是社會還是個人，我們是生存在一個不能免除有意義的倫理
抉擇的世界中。基於這個事實，想在學校中避免教導倫理觀念是不可能
的。當然，人們對於這些爭議可以選擇保持沉默，但這種沉默並不算是
中立的，它只不過是支持倫理現狀的一種表現。

　　倫理的觀念會或此或彼地以各種方式進入教室中。問題是人們的倫
理基礎各不相同，他們會強烈地感受到學校「灌輸」（indoctrinated）
於其子弟的道德觀，與他們自己的基本信念是有別的。這驅使學校陷入
劇烈衝擊社會的不同「文化戰爭」（culture wars）的漩渦中。[11] 當然，
公立學校系統比私立或教區學校的爭端更多，因為後者通常是為了將某
種特定世界觀教授給同質的信眾群而設立的。

　　以下的問題突顯了倫理上的難題，也各自有其擁護者：

- ・倫理標準和道德價值是絕對的或相對的？
- ・普遍的道德價值存在嗎？
- ・目的可以為手段辯護嗎？
- ・道德可以從宗教脫離嗎？
- ・是什麼人或何種勢力構成了倫理規範的基礎？

美學

　　美學是有關價值的領域，它探尋那些統括美和藝術創作與欣賞的
原理。美學處理最廣義的藝術的理論層面，但我們不應將它混同於實際
的藝術作品或對藝術作品的技術批評。美學被認為或許是人類研究中爭
議最多的，如果你想知道群眾的激動情形，那麼只要對特定形式的文
學、音樂和視覺藝術之價值作出權威的判斷就可以知道了。美學的理論
領域密切關聯於想像和創造，因此傾向於高度個人化和主觀性。

　　研究過去文明的歷史學家通常視藝術成就為文化發展的重要指

標。相反地，我們可以看出一些現代社會，例如美國，則視功利的和物質的事物最為重要。藝術「烘不出麵包來」（bakes no bread），無法讓處於競爭的個人在世上領先群倫；它對於捲入科技和軍事競賽以求存活的文化來說，也不被重視。結果藝術作品和美學鑑賞在美國的教育制度中便處於極低微的地位。在具有影響力的康南報告（Conant Report）中，優先順序一清二楚，這份報告並沒有建議將藝術列為授予高中學位的必要項目。1983 年發表《國家在危機之中》的全美卓越教育委員會（The National Commission on Excellence in Education）在所建議的課程中，也只給藝術一個邊緣地位的認可而已。[12]

然而，吾人必須體認，美學的價值判斷在日常經驗中是無法避免的，美感經驗經常提升了知覺的意義、對新意義的領悟力、情感的高尚和廣闊的敏銳度。在某種意義上，美感經驗與理性理解的認識天地相關聯；但在另一種意義上，它飛越了認知的領域而進入情感的世界，而將焦點集中在情感和情緒上。美感經驗使得人們得以超脫純理智思考所強加給我們的限制，並超越人類語言的缺陷。一幅畫、一首歌或一則故事可以產生無比深刻的印象，這是邏輯論辯所無法加以衡量的。許多偉大的教師都是藉著故事而應用美感動力，以便傳道授業。

人類是美感的動物，所以想避免在學校、家庭、大眾傳播或教堂裡教授美學是不可能的，就如同在上述地方想避免教誨倫理價值是不可能的。即便教育人員並未意識到他們的美學職責，但他們還是會不自覺且未帶批判性地給予學生一些美學印象。

在學校中，美學的重要部分通常被認為是藝術、音樂和文學等幾類，這些層面的正式教育經驗對於發展創造力和鑑賞力，以及提升情緒和感情的敏感度，自然是相當重要的，但或許美感經驗比起這些正式的美育經驗要廣泛得多。

有些哲學家和教育人員相信，學校和其他教育組織也有責任幫助學生在教育環境中去探索美感的天地，這些教育環境包括建築物、學校背

景、個人整潔和書寫整潔的紙張等。美學彌漫了整個教育氛圍，「什麼是美？」和「我該喜歡些什麼？」的問題也形成了教育事業中哲學基礎的一部分。

由於美學理論和選擇上的根本差異，產生了一些爭議。在評論這些爭議時，個人必須銘記在心，美學信念是直接關係到同一種哲學的其他面向。例如，若接受主觀、隨意的知識論和形上學，那麼它們將反映到美學和倫理學兩者中。美學並不是生活之餘分離出來的領域，人們的審美價值是其全部哲學的反映。以下的爭議形成了不同美學立場的基礎：

- 藝術是模仿和再製，或者應該是個人創造想像力的產品？
- 藝術形式的主題應該只是生活中美好的部分，或者也可以囊括醜陋和怪異？
- 什麼是「好的」藝術？若有任何標準，那麼以什麼標準來標定藝術是「美」或「醜」？
- 藝術應該具有社會功能和使命，或者它的意義個別永存而獨立於它的創作者？
- 應該為藝術而藝術，或是必須有實用的意義？
- 美是從藝術對象本身而來，或是由觀賞者的眼光所提供？

價值論與教育

長時間以來，價值論的研修一直就相當重要。不過，對今天的教育工作者而言，價值觀有著特別的關聯。上個世紀，在價值系統方面是史無前例地混亂，我們今日生活的時代，其人類的價值立場可以用「墮落腐化」（deterioration）和「瞬息萬變」（flux）來形容。

美國前衛生、教育和福利部部長顧德諾（John Gardner）指出，一個世紀前要反抗和抨擊僵固社會體系的不良功能是需要極大勇氣的，他接著又提到，然而這些反抗者通常是懷有高尚道德的人，他們從現實表面尋求更高層面的價值。顧德諾的結論是，現實的表面已被摧毀，我們

應停止繼續的破壞（pulverizing the fragments），並開始探詢應如何從價值破壞中走出。他作了重要的觀察並提到：「曾經一度是批評現狀的那些懷疑論者，他們出了很大的力量。現今，當時的懷疑論者成了現狀。必須極盡洪荒之力的人，也正是開創新道德秩序的人。」[13]

　　舒馬赫（E. F. Schumacher）也論及同樣的看法，他觀察到人們「認為具有『道德是空談』的觀念的人，才是內心存有道德的。」他又繼續指出許多我們的這一代心裡不再接受道德觀念，取而代之的，他們心中所充滿的是 19 世紀「道德是空談」的觀念。藉著呼籲對我們的思想作重建，舒馬赫總結道，這樣我們才能聚焦於我們這個時代最深切的問題。他指出，若非有這樣對價值關懷的反覆強調，那麼教育將證明只會淪為滅亡的代表，而非重生的根源。*[14]

> ✦ 舒馬赫總結道，這樣我們才能聚焦於我們這個時代最深切的問題。他指出，若非有這樣對價值關懷的反覆強調，那麼教育將證明只會淪為滅亡的代表，而非重生的根源。

哲學課題、教育目標與實務

　　第 1 章論述教育是個精心計劃的歷程，有其可欲的目標。果真如此，那麼教育人員就必須具備背景基礎，以便接受目標所蘊含的觀念。與目標有關的是它所預設的世界觀或哲學觀點，這其中包括了一連串的信念，並涉及實體的性質、真理的本質和形成價值的基礎。前

---

*　舒馬赫的意思是指在19世紀時，學者喊出「道德是空談」的口號，以打破道德形式主義的窠臼，並不是要推翻道德，他們的目的仍是要重整道德。但是20世紀的今天，卻有許多人高喊「道德是空談」的口號，而放浪形骸，心中根本沒有任何道德重整的觀念。

面提到，實體、眞理與價值的觀念是哲學的「原料」（stuff），因此哲學是教育實踐基礎上的基本「質素」（constituent）。

　　圖 2-1 闡明了一個事實，即哲學信念和教育實踐之間有確切的關係，譬如一種特定的形上學和知識論觀點會導致一種價值方針，這個價值方針聯繫到對於實體和眞理的看法，將決定在教育歷程中被愼重標示的目標。而目標又暗示著優先的方法和課程強調的重心。第 3 章到第 5 章將指出，不同教育工作者根據所信仰的哲學理念，都會對教育實務產生不同影響。當然，這並非意味著不同的哲學信念一定會導致不同的實踐，因爲人們從不同的出發點仍然可能到達相同的目的地。我們要指出的一點是，教育工作者最重要的是去抉擇、選定和發展出與自己信念相調和的實踐。

　　我們也有必要認清，哲學並不是特定教育實踐的唯一決定因素，圖 2-1 指出日常世界的許多因素都在教育實務的形成上扮演了重要的角色。舉例來說，許多要素——包括政治力量、經濟條件、勞動市場的需求和特定群體的社會觀念——都對教育實務造成衝擊。

　　哲學可以看成是爲社會的每個群體設定了值得優先考量的教育實務。在這些範圍中，必須因應日常世界的特殊情況而作出調節。當廣大文化中的次級群體建立了不同的哲學基礎和教育範圍時，類似的教區或私人教育就可以應運而生。在這類教育組織中，觀察者可望發現到一些與公立學校系統不同的基礎和特別態度，因爲它們本來就是爲了不同的信念系統而建立的。

> ✦當廣大文化中的次級群體建立了不同的哲學基礎和教育範圍時，類似的教區或私人教育就可以應運而生。

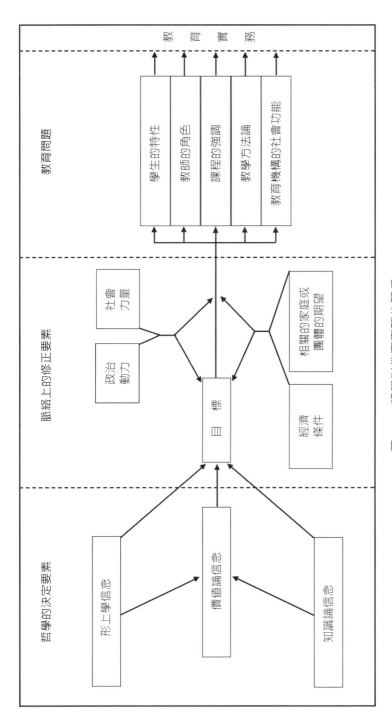

圖 2-1 哲學對教育實務的關係

結論

　　第1、2章指出教育哲學的研究是為了幫助教育工作者避免因為「心靈貧乏」的謬誤而忽略了將教育實務扎根於他們的基本信念中。教育可以看成是一種目標導向的精心計劃歷程。哲學本身涵蓋了三大層面（活動、態度和內容），因為教育目標關係到哲學的形上學、知識論和價值論的內容，所以哲學能夠指引教育。我們也曾提到過，教育及其相關的學習歷程是發生在複雜的社會環境中，學校只是許多強大力量之一。哲學信念決定了教育的基本目標，但社會動力也會修正教育目標和教育實務。

　　也許第1、2章的核心訊息是，教育工作者必須尋求建立與其基本信念相調和的教育環境和教育實務。下面五章將檢視整合哲學和教育的各種立場。

討論問題

一、請說明為什麼形上學對教育很重要？

二、請評估不同的認知來源？當你檢視自己的思考時，是否存在知識的層級性（epistemological hierarchy）？你對知識層級性的看法是否也顯示了你個人的哲學立場？

三、知識論或形上學，哪一個更為重要？為什麼？

四、價值論的領域中，哪些具體顯現在學校中？當下哪些價值論上的議題也成為教育前線的討論議題？

五、請討論維持倫理學上價值中立立場的可能性。

❷ 註釋

1. J. Donald Butler, *Four Philosophies and Their Practice in Education and Religion*, 3d ed. (New York: Harper & Row, 1968), p.21.

2. Paul Nash, Andreas M. Kazamias, and Henry J. Perkinson, *The Educated Man: Studies in the History of Educational Thought* (New York: John Wiley & Sons, 1966); Paul Nash, *Models of Man: Explorations in the Western Educational Tradition* (New York: John Wiley & Sons, 1968); David Elton Trueblood, *Philosophy of Religion* (New York: Harper & Row, 1957), p.xiv.

3. Van Cleve Morris, *Philosophy and the American School,* p.118.

4. Cf. Harold H. Titus and Marilyn S. Smith, *Living Issues in Philosophy*, 6th ed. (New York: D. Van Nostrand Co., 1974), pp.266-73. See also John S. Brubacher, *Modern Philosophies of Education*, 4th ed. (New York: McGraw-Hill Book Co., 1969), pp.227-230.

5. 楚布納德（D. Elton Trueblood）談到這一點說：「目前人們已經普遍了解到絕對的證明是人類所沒有，也不可能有的。之所以如此，是依著這兩個事實：演繹的推論，其前提沒有確定性；而歸納的推論，其結論沒有確定性。在自然科學中，那種認為我們有確定和絕對這兩者兼具的論證，只不過是我們這個時代的迷信罷了。」

   A Place to Stand (New York: Harper & Row, 1969), p.22; for a fuller discussion on the limits or proof, see Trueblood, *General Philosophy*, pp.92-111.

6. Charles Morris, *Varieties of Human Value* (Chicago: The University of Chicago Press, 1956), pp.10-11.

7. Van Cleve Morris, *Philosophy and the American School*, p.221.

8. Titus and Smith, *Living Issues in Philosophy*, p.115.

9. George S. Counts, *Education and American Civilization* (New York: Teachers College. Columbia University. Bureau of Publications, 1952), p.130.

10. George S. Counts, *Education and the Foundations of Human Freedom* (Pittsburgh: University of Pittsburgh Press, 1962), pp.27-28.

11. 見 James Davison Hunter, *Culture Wars: The Struggle to Define America* (New York: Basic Books, 1991); Jonathan Zimmerman, *Whose America? Culture Wars in the Public Schools* (Cambridge, MA: Harvard University Press, 2002).

12. John Martin Rich, *Education and Human Values* (Reading, MA: Addison-Wesley Publishing Co., 1968), pp.125, 146. See also James B. Conant, *The American High School Today* (New York: McGraw-Hill Book Co., 1959); National Commission on Excellence in Educatin, *A Nation at Risk: The Imperative for Educational Reform* (Washington, DC: U.S. Government Printing Office, 1983), p.26.

13. John W. Gardner, *Self-Renewal: The Individual in the Innovative Society* (New York: Harper & Row, 1964), pp.120-122.

14. E. F. Schumacher, *Small is Beautiful: Economics as if People Mattered* (New York: Harper & Row, 1973), pp.93-94.

Chapter 3

傳統哲學與教育

　　在第 2 章，我們已經針對哲學的三個主要問題——形上學、知識論、價值論作了初步的探討。針對這些問題，有許多不同的解答，乃產生了不同的哲學派別（schools），像「觀念論」（idealism）、「實在論」（realism）、「新士林哲學」（neo-scholasticism）、「實用主義」（pragmatism）及存在主義（existentialism）等。這些不同的哲學信念不僅將導致不同的教育理論，也會對教育實務產生不同的影響。因為，人們的基本信念，與他對教育的各種觀點，包括學生的特性、教師的角色、完美的課程、有效的教學方法、學校的社會功能，必然有直接的關聯。

　　在以下各章中，我們主要要來探討哲學與教育的關聯。本章我們將討論傳統哲學派別下的教育哲學取向，第 4、5 章則重在當代哲學與後現代思潮對教育哲學的啟示；第 6 章則列出當代的教育理論，表面上，這些教育理論的原理原則與哲學無關；不過，如果再次加以審視，這些理論都植基於第 3-5 章的各派哲學立場，可視為這些哲學基本原則的具體應用。第 7 章探討分析哲學對教育哲學發展的衝擊，最後一章則指出了教師建構個人哲學的重要性。

教育哲學學派的功能與限制

　　本書下兩章介紹教育哲學，是以各種學派的主要哲學課題為依歸。例如，有些哲學家會被列入實用主義論者，有些則是觀念論者。我們將教育哲學作這種分類，讀者必須留意它們的限制。

　　第一，任何哲學學派體系的分類，都無法完全的精確。我們將哲學派別分成好幾類，並不是說它們就是涇渭分明。哲學學派可以視為幾個不同的連續體，它們之間可能有共通的看法而交互重疊。所以，沒有任

何一種分類是可以完全令人滿意的。

　　第二，學派的分立，可能使人忽略其內涵。同時，也容易忽略相同學派內的歧異點。我們可以這樣說，掌握各學派的基本概念，只是了解教育哲學本質的開端，而非終結。

　　第三，學派，充其量只能視為提供初學者的捷徑，讓他們能很快的理解基本概念，它是複雜哲學內容的簡化形式（simplification）。

　　雖然，界定哲學派別有這些限制和缺失，但是它也有基本的功能。在人們的心智中，會自然有一種分類系統（classification systems）。當人們面對紛至沓來的各種資訊時，心靈會根據同異而歸類，希望能對事物更了解，然後對所分類的事物命名。所以，各種學派分類的第一種功能，能使我們捕捉重要的地方，並區分主題，從而掌握某一思想之領域，釐清原先的混亂。

　　此外，學派也能夠幫助我們從已知的架構中，去評估新的資料。以此觀點，學派所扮演的角色，不僅在於建立一個知識體系，它也能幫助我們去拓展並豐富此一體系。綜合言之，學派從利的觀點來看，有助於引導我們正視複雜的世界；從弊的觀點，它可能阻礙了我們對複雜事物的思考，並使我們以此為滿足，而無法將此一好方法導入教育哲學的探索之途。

　　在本書中，我們將介紹各種學派，使教育哲學的初學者能理解到，對實體、真理、價值觀點不同的哲學立場，會產生不同的教育實務。了解這一點是很重要的，因為教育實務應該與我們的基本信念配合。但是，很令人遺憾的，我們的許多教育工作者並沒有這種體認，所以教育事業都無法達成其目標。教育人員普遍有著「趨附時尚的心態」（bandwagon mentality），無條件的視各種改革為萬靈丹，而不去深思這些教育改革的基本信念是否正確？目標是否可欲？這種即興式的活動正是「心靈貧乏」的寫照，實無助於教育活動的進行。教育工作者必須

深刻體認，所有的教育實務都植基於哲學的假定，不同的教育哲學起點，將會導致不同的教育實務。

> ✦教育工作者必須深刻體認，所有的教育實務都植基於哲學的假定，不同的教育哲學起點，將會導致不同的教育實務。

觀念論

背景

　　長時間以來，教育深深受到觀念論哲學立場的影響。作為一種教育哲學，觀念論在 20 世紀對教育的影響已不若昔時。不過，它仍深深浸染西方教育思想。

　　霍肯因（William E. Hocking）是一位當代的觀念論者，他認為「理想主義」（idealism）應正名為「觀念論」「idea-ism」，而不應叫做「理想主義」。[1] 因為，觀念論著重的是永恆概念的探討，像眞、善、美、榮譽等，而不是像我們平常稱某人「她好理想化（idealistic）」，那種追求卓越的高級心智。*

　　觀念論，其核心是重視各種觀念、思想、心靈、自我之實體，而不強調物質的力量。觀念論認為心靈是基礎，先於物質；心靈的內容是眞實的，物質是心靈的產物，[2] 這與唯物論（materialism）剛好相反，唯物論認

> ✦觀念論，其核心是重視各種觀念、思想、心靈、自我之實體，而不強調物質的力量。觀念論認為心靈是基礎，先於物質。

---

* ideal此一字有完美、美好、理想的意思，所以idealism，也有人譯為理想主義。不過，哲學上的idealism，是重視永恆觀念的探討，所以，譯者將idealism譯為觀念論，而不譯為理想主義，如此就不至於產生英文「idealism」名稱與意義混淆的問題。

為物質才是真實的，心靈只是一種附帶的現象。

　　從歷史發展的觀點來看，觀念論源於柏拉圖（Plato, 427-347 B. C.）。在柏拉圖的時代裡，希臘的雅典正面臨一種轉型。波希戰爭，把雅典帶入一新紀元。由於戰爭的勝利，使得海外貿易激增，為雅典帶來巨大的財富，也帶來文化的交流，使雅典文化融入了許多新的色彩。這些新觀念，導引人們去質疑傳統的知識與價值。當此之時，辯者（the Sophists）興起了。辯者的教學，將許多衝突的觀念帶入政治學與倫理學的領域中。辯者教育人們為商業社會而準備時，是極端「個人主義」（individualism）的。這種個人主義，導致了價值與信念的「相對主義」（relativism）。

　　當傳統雅典文化受到辯者質疑時，柏拉圖起來捍衛。[3] 柏拉圖重視真理的探求，他認為真理是完美而永恆的。日常生活的世界是變異的，真理超越於物質世界之外。柏拉圖認為人們將會同意有永恆的真理存在，像數學就是一個明顯的例證。$5 + 7 = 12$，這是一個先驗的真理，過去是如此，未來也不會改變。柏拉圖認為真理普遍存在於每一個領域，像政治、宗教、倫理、教育等。柏拉圖認為要獲得普遍的真理，必須超越感官變異的世界，而進入觀念世界中。

　　觀念論所提出永恆不變的真理，對哲學思想影響深遠。基督教堂即一直浸淫在新柏拉圖主義的籠罩下，而將觀念論與神學結合在一起，5世紀的奧古斯汀可為代表（Augustine, 354-430）。之後，笛卡兒（René Descartes, 1596-1650）、柏克萊（George Berkeley, 1685-1753）、康德（Immanuel Kant, 1724-1804）與黑格爾（Georg Wilhelm Friedrick Hegel, 1770-1831）將觀念論發揮至極。

　　美國教育學者哈利斯（William T. Harris, 1835-1909），可算是影響力最大的觀念論代表，他創建《思辨哲學期刊》（*Journal of Speculative Philosophy*），在 1870 年代為聖路易學區督學長，隨後並成為全美教育行政長官。巴特（J. Donald Butler）與霍恩（Herman H. Horne）則是本

世紀美國教育哲學上重要的觀念論者。[4] 從觀念論的發展史來看，它與宗教緊密相連，因爲兩者都重視精神與超世俗的實體本質。

觀念論的哲學立場

形上學：心靈的實體

或許要了解觀念論形上學的最好方式是從始祖柏拉圖開始，柏拉圖在「洞穴的寓言」中給了我們一個觀念論的實體概念。[5] 柏拉圖假想有群囚犯生活在暗無天日的洞穴裡，他們被鐵鍊扣住，頭部無法左右轉動，所以他們只能看到前面的東西。在這群囚犯的後上方有火光閃爍，在他們與火光之間還有一高起的道路。沿路上的所有東西，在火光的照耀下，其影子都投射到囚犯面前的牆上。這群被鐵鍊扣著的囚犯們，無法看到火及眞正的物體，他們只能看到影子。柏拉圖質疑著，如果這群囚犯終其一生都在洞穴裡，難道他們不會認爲眞實的世界就是這些影子嗎？

柏拉圖假設，如果這群囚犯的枷鎖被解開了，他們能自由活動，看到火光和道路兩旁的物體，他們勢將調整自己對實體的概念。有朝一日，他們更被帶出了洞穴，看到了陽光下五彩繽紛的世界，他們一定被嶄新的實體觀所迷惑，而寧願重回其熟悉的洞穴中。

柏拉圖的這則寓言已經暗示了，人類在世界上生活的各種感官，就像洞穴一樣，這並不是終極實體的世界，它只不過是「眞實世界」的一個影像罷了。眞實世界是純粹觀念的世界，超越了感官世界之外。人們必須透過智性，才能接觸到終極的眞實世界，而只有少數的精英分子──思想家和哲學家，才能參透此一終極實體。所以，他們必須建立各種社會秩序。對於大部分的人而言，仍無法了解此一實體，這些人是以較低等的方式生活。

總之，觀念論的實體觀是二元的：一個是表層的世界，可以透過我們的感官而知覺；另一個是終極實體的世界，必須透過我們的心靈來領

會。心靈的世界著重觀念的探索，這些永恆的觀念較感官的物質世界更爲重要。而觀念也先於實物而生。觀念論者以椅子爲例，有些人在見到椅子時，就已經先有了椅子的觀念。一言以蔽之，觀念論的形上學也就是心靈的世界。

知識論：眞理即觀念

觀念論的知識論深深植基於其形上學之上。觀念論強調心靈與觀念的實體，所以求知之途仍在於以心智去捕捉觀念與概念。要了解實體，不是靠視覺、聽覺與觸覺，而是要掌握觀念，並永存於心靈之中。

觀念論者認爲眞理在於觀念的範圍內。一些觀念論者提出了「絕對心靈」（Absolute Mind），與「絕對自我」（Absolute Self）。柏克來，是一位基督教的觀念論者，他將絕對自我與神聯繫在一起，許多宗教的思想家們都有類似的看法。

觀念論的知識論可以用「一致」（consistence）與「貫通」（coherence）來說明。觀念論者所發展的知識體系很重視內在與邏輯的一致性。當我們說，某東西是眞實的，這意味著它與終極實體之本質相一致，如果不一致，我們斥之爲虛妄。納夫（Frederick Neff）說得好：

> 觀念論在本質上是形上學的範圍，即使是它的知識論也流露著形上學的色彩。觀念論的知識論，主要是想爲眞理奠定形上學的合理化基礎，而不企求以各種經驗與知識方法去探求眞理。[6]

眞理，對觀念論而言，是與宇宙本質相契合，它不僅先於，而且獨立於各種經驗之上。所以終極知識的獲得不是靠經驗的，它仰賴「直觀」（intuition）、「天啓」（revelation）與獲得和拓展知識的「理性作用」（rationalism）。這些方法最能處理觀念論其知識論的基本立場——眞理即觀念。

價值論：價值來自觀念世界

觀念論的價值論，也植基於其形上的觀點。如果終極實體是超越於這個世界之外，而絕對自我又是心靈的模板，那麼宇宙就可分成「大宇宙」（macrocosm）與「小宇宙」（microcosm）。根據這種觀點，絕對心靈的世界可以視爲一種大宇宙，而我們地球，各種感官經驗所構成，可視爲終極實體的影像，即爲小宇宙。所以，倫理學與美學上各種善美的標準是外在於人之上，與終極實體的本質相契合，建立在固定與永恆的原理之上。

觀念論認爲，倫理的生活就是一種與宇宙和諧的生活方式。如果將絕對的自我視爲一個大宇宙，那麼每個人心都可視爲一種小宇宙的自我。小宇宙的自我必須盡可能的與絕對自我看齊。如果絕對是終極的善，或是有些觀念論者所信仰的神，被認爲是完美的化身，那我們平常倫理上的各種行誼就該以這些絕對的自我爲模範。「普遍的道德律」（Universal Moral Law）是代表著「絕對存有」（Absolute Being）的特性，人類必須與之契合，才算道德。那我們要如何發現道德律呢？對於宗教的觀念論者，這不是問題，因爲他們可以從權威的天啓而得到。世俗的觀念論者則會遭遇到問題。康德的無上命令（categorical imperative），[7] 有別於天啓的方法，也是獲致道德律的重要方法之一。*

---

* 康德是18世紀集西方哲學大成的思想家。他的道德哲學最明顯的地方是賦予道德本身自主性。康德認爲一般道德哲學家在界定道德時，都把道德視爲一外在之目的，譬如，爲了求得心安而行善，爲了永生而行善。爲了多數人之利益而行善……出於目的而行善，基本上與道德無關（並非不道德），這些都是屬於他律。眞正的道德是自律的，本身是一種無上命令，人們的行爲自願遵此道德格律而行，這種自我立法、自我監督、自我實踐之歷程，正是道德自律的涵義。至於，哪些具體事情合乎道德？康德提出普遍化之法則，譬如偷竊會使個人蒙利，但是如果每個人都偷，則個人並不會蒙利，所以偷竊是無法普遍化的（康德的意思並非偷竊會使大家蒙受其害，這是功利主義式的道德論證，康德之意是偷竊行爲會造成普遍化法則之矛盾）。有關康德道德哲學之專著極多，讀者可參考李雄揮編譯之《倫理學》，五南圖書出版，有基本的介紹。在此作者認爲康德之無上命令並不訴諸於天啓的權威，但吾人也不宜忽略康德在論證道德律時，仍然提出了三項設定：意志自由、靈魂不滅與上帝存在。

　　觀念論的美學觀仍可透過大小宇宙的概念來說明。觀念論者認爲完美的反映就是美。藝術企圖去表現「絕對」，正可視之爲美的愉悅。藝術家應以捕捉終極實體爲己任。藝術的功能不在於描繪世界以滿足我們的感官，而是以終極絕對自我之觀點去描繪世界。也就是藝術是要以完美的形式去捕捉實體。攝影，在觀念論者看來，並不是一種眞的藝術形式，因爲它只描繪了我們經驗世界。簡單說來，觀念論者的藝術觀，可視之爲感官知覺的完美化。

觀念論與教育

　　從觀念論的隱喻中，我們可以得知，學習者被看成是小宇宙的自我，他不斷的往絕對自我的歷程邁進。就某一方面來看，個別的自我是絕對自我的延伸，在他們待發展的形式中，有著與絕對自我相同的屬性。觀念論的學者認爲學習仰賴學生的自覺，「學生的特性，……在於他邁向完美的意願，只要他願意，他就能做到。他會致力於完美，因爲理想的人正是完美的。」[8]

　　宇宙的實體是以觀念和心靈爲核心，學習者最重要的部分是他們的心智，他們每一個人都是小宇宙的心靈。因爲眞知必須經由心靈來獲知，所以教育工作的目標應鎖定此一心靈層次。柏拉圖認爲，世界最好由哲學家來統治，因爲只有他們才能超越感官世界之外，接觸到終極實體的世界。由於這種哲學觀，觀念論特別重視學習者之心靈發展。

　　在觀念論取向的學校裡，老師占著關鍵性的地位。老師是學生通向完美的模範。老師有著更多有關心靈終極世界的知識，所以比學生更接近絕對。老師可以作爲學生小宇宙自我與大宇宙絕對自我的橋樑。老師的角色一方面是引導學生獲得實體的知識，另一方面，他也是學生倫理的模範。老師在智性與社會生活的言教、身教，正是學生取法的典型。

　　觀念論心目中的教育內容與其知識論立場相呼應。假如眞理是觀念，就應該特別重視那些能夠促使學生與永恆觀念相接觸的科目。因

此，觀念論的課程強調人文學科的研讀。許多觀念論者將歷史與文學
作為課程架構的核心，因為這些學科最有益於學生探尋完美的人格與
理想的社會。純數學也是重要的領域，因為數學是普遍先驗原則的基
礎，也能提供探討抽象的方法。

文字，不管是書面的或是口語的，構成了觀念論教學方法的基
礎，因為觀念要從一個人進入到另一個人的心靈中，必須透過文字。
教學方法的目的在於協助學生對觀念的吸收。在觀念論取向的學校
裡，圖書館是教學活動的中心，學生在圖書館中，可以與人類亙古重
要的觀念相契合。教室，一方面可視為是圖書館——書香與觀念匯聚
的中心——的延伸。教師在教室的教學，也可看成是將知識脈絡透過
講述的口語，從教師傳承到學生上。教師們帶領學生閱讀各種觀念作
品時，也善於引領學生對尖銳之觀念，加以討論。

觀念論的老師對於參觀、旅行教學不會有很大的興趣，也不熱
衷各種自動教學機之使用，因為這些活動只是探尋真理意義的周邊而
已，他們只是感官世界的影像，而不是終極實體，所以也不是良善的
教育活動。[9]

觀念論的反對者認為這種教育只不過是象牙塔的經驗罷了。不
過，這種批評並沒有動搖觀念論者，因為觀念論的教育學者認為學校
和大學教育的真正目的，正是要提供一個「思考」與「認知」的地方，
以避免日常生活各種雜亂經驗的干擾。[10]

無疑地，觀念論者重視過去觀念（尤其是對絕對觀念的探討），將會對社會產生保守的影響。對觀念論而言，永恆終極實體世界較之感官的變異世界有更高的秩序。人們只要與此一終極實體接觸，必然會調整其自身而進入實體之中。學校的社會功能，

✦ 無疑地，觀念論者重視過去觀念（尤其是對絕對觀念的探討），將會對社會產生保守的影響。對觀念論而言，永恆終極實體世界較之感官的變異世界有更高的秩序。

在觀念論者看來，正是要傳遞過去的遺產與知識。畢竟，學校不是變遷的代理商，而是完美現狀（status quo）的維繫者。

實在論

背景

實在論，在許多方面，都是針對觀念論及抽象的一種反動。實在論者的最原初立場是認爲我們感官中的物體是具體存在而獨立於我們心靈之外。例如，以在荒島上的一株樹爲例，觀念論者認爲，這株樹存在於心靈（包括超越存有的心靈）之中，或是建立在我們的「認知」之上；實在論者則認爲，不論我們是否用心靈去探索這棵樹，樹都是存在的。物質獨立於心靈之外。

一般公認，實在論的始祖是柏拉圖的學生亞里斯多德（Aristotle, 384-322 B.C.）。亞里斯多德固然深受柏拉圖的影響，但他也針對柏拉圖的觀念論作了修正。亞里斯多德認爲每一個物體的基本構成是「形式」（form）與「質料」（matter）。「形式」就相當於柏拉圖的「觀念」，而「質料」可視爲各種感官物體的組成成分。根據亞里斯多德的看法，形式可以獨立質料而存在（如神或者是狗的觀念），但質料無法脫離形式而存在。亞里斯多德並沒有特別看輕形式或質料，他與柏拉圖的最大分野是認爲從特殊事物或質料的研究中，會有助於永恆觀念的了解，柏拉圖則認爲感官世界都是虛幻次級的。

由於亞里斯多德認爲從物質物體中的研究，有助於更了解普遍形式與觀念，所以他也爲當代自然科學、生物學及社會科學奠下了深厚的基礎。亞里斯多德也以組織與分類聞名於世。即使是現在，在許多大學的科系裡，如物理、植物學、動物學、社會學、心理學、邏輯與哲學的各

領域中，都還可以讀到亞里斯多德對這些學門的貢獻。後人是根據亞里斯多德所發現的原則，而逐步發展成當今的科學。

　　實在論能夠進到當代世界中，不能不感謝培根（Francis Bacon, 1561-1626）所提出的科學方法——歸納的方法論（inductive methodology）。而英儒洛克（John Locke, 1632-1704）的貢獻也不容忽視。他認為人的心靈是一片白板（blank sheet, *tabula rasa*），可以吸收來自環境的各種刺激。在美國當代教育哲學界裡，實在論的代表則首推布勞岱（Harry S. Broudy）。[11]

實在論的哲學立場

形上學：事物的實體

　　對實在論而言，終極實體不在心靈的範圍內，宇宙是由組成的物質在運動中構成，所以人所生存的物質世界構成了實體，而物質世界遵照著一定的律則，這些律則也指引著宇宙的每個部分。宇宙以此律則運行，人類及其知識都在宇宙的律則之下。

> ✦對實在論而言，終極實體不在心靈的範圍內，宇宙是由組成的物質在運動中構成，所以人所生存的物質世界構成了實體，而物質世界遵照著一定的律則，這些律則也指引著宇宙的每個部分。

　　宇宙就像一個龐大的機器，人類既是旁觀者，也是參與者，宇宙律則不僅主宰了物質世界，也同樣支配著道德、心理、社會、政治、經濟等領域。換句話說，實在論者認為實體就是遵行自然律則的一群事物。而實在論也成為當代科學的重要哲學基礎。

知識論：真理經由觀察

　　實在論的知識論是一種對世界的常識觀（common sense approach），它建立在感官知覺的方法之上。霍肯因（W. E. Hocking）曾經指出：「如果以心靈特性的觀點看實在論，那實在論是要我們從對事物的判斷中，將個人好惡排除，讓事物自己呈現它本來的面目。」[12]

　　眞理對實在論來說，被視爲一種可觀察的事實，感官知覺是獲得知識的橋樑。實在論者運用歸納法探尋自然世界，從觀察中建立普遍通則。實在論者希望透過其探究，能夠發現世界是如何地運作。自然律被視爲是實體的本質所在，所以它也是絕對的，先於人的經驗，是不可變動的。就如同悌塔斯與史密斯（Titus and Smith）說的：「『世界』，無視於人如何看待它，它就是客觀地存在。」[13]

　　從這個觀點來看，實在論眼中的「自然律」（Natural Law），與觀念論中的「絕對心靈」（Absolute Mind）同等重要。兩者的共同立場是都肯定終極實體的存在。眞理和實體的本質是客觀存在的（out-there）。實在論者乃發展成「眞理符應理論」（correspondence theory），作爲檢證眞理之標準。在實在論看來，眞理就是觀察者所知覺的與眞實狀況相符合。

價値論：價值來自自然

　　實在論者認爲價值也是透過對自然的觀察。經由對自然秩序的研究，人們也能發現一些律則以指引倫理和美學判斷。由於價值的來源及自然秩序是永恆的，所以價值也是永恆的。

　　實在論的倫理基礎也是自然律。實在論者聲稱，自然也存在著道德律。所有人都擁有道德律，或至少有能力發現道德律，就好像在自然界中存在著萬有引力，在經濟世界中亦如是。傑弗遜（Thomas Jefferson）強調人有「不可剝奪的權利」（inalienable rights），人們應該對這些權利之本質作更清楚的界定。

　　自然也同樣爲美提供了標準。從實在論者的觀點來看，美的藝術形式正反映著宇宙的邏輯與秩序，也就是對實體的一種「再現」（re-presenting）或「原貌更新」（presenting anew）。自然的合理性是表現在其型態、平衡、線條、構造、形式之中。藝術工作者，以繪畫來說，應該把客體表現得維妙維肖，盡可能逼近事物。以此觀點，攝影，實在論認爲是藝術的一種形式。

實在論與教育 [14]

實在論者認爲學生是一個多功能的個體，透過他們的感官經驗，可以知覺到世界的自然秩序，而與「實體」接觸。世界就存在那兒，學生可以透過其感官，去看看、去體會、去品味這個世界。

許多實在論者認爲，學生臣屬於自然律之下，所以也沒有選擇的自由。這些實在論者聲稱，學生受制於環境的刺激而反應。當然，他們擁護行爲學派的心理學也就可以理解了。這些實在論的極端形式，視學生爲整個宇宙機器的一部分，學生可被「編配」（programmed），就好像我們設計電腦一樣。當然，我們在操弄學生時，不會一下子就成功，學生在習得合宜的反應之前，必須經過增強、紀律、行爲塑造等歷程。

我們也可以把學生視爲宇宙機器的旁觀者，那老師就是更有經驗的旁觀者，因爲他比學生知道更多宇宙的知識與律則。老師的角色，在實在論者看來，就是快速而有效的提供精確的實體知識給學生。在教學過程中，教師的偏見與人格應盡可能的排除。教學的功能就是把一些驗證過的自然律傳遞給學生。

實在論的課程設計與其形上學、知識論相呼應，特別強調物理世界的學科內容。科學占著課程的核心地位，因爲科學正反映著自然律。數學也非常重要，因爲數學是以一種精確、抽象的符號系統去描繪宇宙律，它代表著一種次序的最高形式。

實在論者對宇宙的概念，與它對統計、量化研究的強調，深深影響了社會科學的知識。實在論者認爲課程應該是提供可以測量的知

> ✦ 實在論者認為學生是一個多功能的個體，透過他們的感官經驗，可以知覺到世界的自然秩序，而與「實體」接觸。世界就存在那兒，學生可以透過其感官，去看看、去體會、去品味這個世界。

識。許多實在論者非常認同桑代克（Edward L. Thorndike）的名言：「凡存在的事物，都以某種量的方式存在，要完全了解此一事物，必須質量並重。」[15]

　　所以，實在論的課程取向，特別重視可被證明的事實，以及各學門的基本架構（structural frameworks），以賦予那些事實意義。[16] 以此觀點，有關「資訊的符號」（symbolics of information）（如語言與數學），也是重要的課程內容，它們不僅可以引領學生進入學門領域之殿堂，更是傳遞既定知識的重要工具（encoded system）。[17]

　　實在論的教學方法與其知識論息息相關。如果真理是經由感官知覺而獲致。那學習經驗，更進一步地，應由這些感官來組織。17 世紀捷克摩拉維亞地方的主教康門紐斯（Comenius），是一位偉大的教育家，在其教育名著《世界圖解》（*Orbis Pictus*），點明了教育的過程必須經由視覺的幫助，他運用圖書教導學生學習拉丁字彙。18 世紀末 19 世紀初，另一位偉大的教育家裴斯塔若齊（Johann Heinrich Pestalozzi），將實在論的教學方法更向前推進了一步，他在教室裡運用實物教學。學生親自去感覺、去聞聞、去看、去聽實物，他們就可以學得很好。

　　當代實在論的教育學者很重視在課堂中證明事實，戶外旅行的教學，如果受制於時間無法常常戶外旅行，至少也必須運用視聽器材。這並不是說實在論者反對書本上的符號知識，只不過是符號本身沒有存在的狀態，符號只不過是反映實體，或是與真實世界溝通的工具而已。

　　實在論的教學方法重視對事實的精熟，使學生更易於領會自然律則，所以非常重視歸納的邏輯，希望學生能從特別的感覺經驗中推論，而歸納出一般法則。

　　實在論的機械式世界觀，使得他們很讚賞教學機及編序式的學習活動。透過機器，一系列精確的知識，可以快速而有效率的傳遞給學生。教學機的全盤理念與實在論把人視為機器的理念是可以相容的。以此觀點，教學要盡可能客觀化，不要太人為化（dehumanized），因為

「人」是造成錯誤的來源。

　　學校應對社會扮演何種角色？實在論對此問題的看法與觀念論接近。學校的目的是傳遞已被實徵科學驗證過的客觀知識和自然律則，以發揮在宇宙的功能。所以實在論的學校很重視這些遺產的保存。也就是說學校應傳遞已被證實的知識，並爲這些事實提供有意義的基本架構，以便學生迅速的掌握，而整個社會就根據自然律則而長存。

新士林哲學

背景

　　士林哲學（Scholasticism，或譯爲經院哲學、教父哲學），是西歐在西元 1050-1350 年間的學術思潮，最先只見諸於經院內之研討，13 世紀大學興起後，它成爲大學內研討的核心。士林哲學家們並不企求尋找新的眞理，他們希望透過理性或信仰的過程，來證明一些在哲學或宗教上已被提出過的眞理觀。

　　士林哲學的興起與亞里斯多德著作在基督教歐洲的復甦有很大的關係。我們知道，在中世紀的黑暗時代，許多亞里斯多德的著作散佚了，反而是伊斯蘭回教世界保存了下來。所以亞里斯多德的著作一直受到基督教世界的忽略。中世紀的神學與哲學是以奧古斯汀爲基礎，他將柏拉圖與早期基督教思想作了統合。

　　然而，在 12 世紀左右，亞里斯多德的著作譯本，以及阿拉伯、猶太人對亞里斯多德的譯註紛紛傳到西歐。這些新觀念與原有的基督教思想不完全符合。此時亞里斯多德哲學對基督教的挑戰，就好像 19 世紀達爾文質疑基督教一樣。不過，很快地，中世紀基督教與亞里斯多德主義兩股知識體系融在一起了。士林哲學家們企圖用亞氏演繹邏輯及其哲學去整合天啓的知識。本質上，士林哲學運用理性產生信仰，其目的在合理化神學。

　　多瑪士（Thomas Aquinas, 1225-1274）是士林哲學的翹楚，他的思

想見於《神學大全》（*Summa Theologica*）一書。多瑪士的基本觀點是人應該盡可能的運用理性來獲得足夠的知識，而超越人類理解程度則必須仰賴信仰。多瑪士哲學（Thomism）很快的就成為羅馬天主教的正統哲學立場。

士林哲學在本質上是一種理性主義（rationalism）。新士林哲學是士林哲學的新形式，特別強調人的理性。所以新士林哲學是對傳統哲學的重新詮釋，我們把它也列為傳統哲學。

在 20 世紀的教育思想裡，新士林哲學有兩個派別。其一是羅馬天主教教育哲學取向，文獻上常界定成「宗教實在論」（scholastic realism, religious realism）或「宗教新多瑪士主義」（ecclesiastical neo-Thomism），馬瑞坦（Jacques Maritain）是代表人物。[18]

另一個是比較世俗非宗教取向的，以阿德勒（Mortimer J. Adler）與赫欽思（Robert M. Hutchins）為代表。[19] 他們常被歸為「理性人文主義」（rational humanism）、「古典實在論」（classical realism），或「世俗新多瑪士主義」（secular neo-Thomism）。以上思想具體產生的教育啟示，就是有名的「永恆主義」（perennialism）。有關永恆主義，我們將在第 6 章中詳細討論。

新士林哲學的哲學立場

形上學：理性（或神）的實體

新士林哲學家們對於實體有不同的看法。部分的原因是士林哲學本來就是重疊了許多不同的哲學立場；另一個原因是士林哲學植基於兩個淵源，其對實體的看法並不一致。其一是亞里斯多德，實在論的奠基者；其二是多瑪士，統合了亞里斯多德哲學與基督教。*

---

* 士林哲學是基督神父們在保存了希臘哲學後與基督教統合集大成之哲學思想體系。一般來說，它有兩大支脈：一派以奧古斯汀為代表，主要承襲柏拉圖之思

亞里斯多德的兩個理念——人是理性的動物與演繹邏輯的發展，爲新士林哲學奠定了基礎。對亞里斯多德而言，人們詢問事物時，最重要的問題是其目的。因爲人是唯一能思考的動物，所以人的最高目的就是在運用此種能力。亞里斯多德也認爲宇宙是

> ✛ 對亞里斯多德而言，人們詢問事物時，最重要的問題是其目的。因爲人是唯一能思考的動物，所以人的最高目的就是在運用此種能力。

被規劃好的，有其秩序，每一個結果都有其成因。各種秩序、因果，到最後可歸結爲不動的實體（Unmoved Mover），也就是「第一因」（First Cause）。多瑪士將亞里斯多德所謂「不動的實體」、「第一因」視爲神。所以，神，在多瑪士看來，是純粹推理的結果。人類是一種理性的動物，他生活在理性的世界中，所以能夠理解事物。

新士林哲學的形上學有兩個層面。其一是自然世界的大門向理性敞開，其二是超自然的領域，可經由直觀、啓示或信仰而得到了解。科學，能觸及自然領域，但無法進到精神層面中。新士林哲學也認爲宇宙的本質是永恆與不變的。

知識論：真理經由理性（與信仰渴望）

新士林哲學聲稱，人的理性心靈可以自然地導入宇宙的理性之中。根據這種說法，心靈不僅可以掌握相當的真理，而且可以直覺到真理。新士林哲學認爲藉著「分析的陳述」（analytic statements），可以得到直觀的，或不證自明的真理（self-evident）。所謂分析的陳述，是指在一個陳述中，主部包含了述部。例如，「神是善的」；或是述部由主部分析出，例如，「如果兩件事情相同於第三件事情，那這兩件事情也是相同的。」分析的陳述並不需要透過經驗的檢證。以上例，我

想，特別強調信仰光照的重要；另一派則以多瑪士爲代表，主要接續亞里斯多德的形質論，強調以理性來掌握教義。本書作者奈特並未用上述傳統之分類。

們不需要去畫兩條線，同時相同於第三條線，然後再量這兩條線是否相同。我們可以直接認爲該分析陳述是不證自明的，可透過直覺而證實。

第二種眞理的形式是從「綜合陳述」（synthetic statements）而來。綜合陳述的眞理必須透過經驗的檢證。例如，「三藩市離紐約 3,224 公里」。綜合陳述是屬於科學和實徵經驗的領域，它們必須被驗證，因爲其述部並未包含在主部之中。然而，分析的陳述卻可透過邏輯與內在眞實性而掌握。

新士林哲學不同於經驗論者，他們認爲分析的陳述形成了第一原則，所以比綜合陳述有更高的秩序，這些不證自明的分析陳述，不是科學能夠獲致的。世俗的士林哲學家認爲眞理可經由理性和直觀獲得；宗教取向的士林哲學則認爲除了眞理、直觀外，超自然的啓示也是獲得知識的來源，而且這種知識可以將有限的人帶到神的心靈中而與神接觸。

不管是世俗取向或是宗教取向的士林哲學都很重視理性以及亞里斯多德的演繹邏輯。雖然也不反對歸納，但由於訊息的獲得是經由感官形成的原始資料，在演繹思考中運作的結果，所以，演繹的層次較高。

總之，新士林哲學認爲知識有層級性。初級層次的知識，人們可以透過理性，這是自然和科學的領域，有其限制所在；高層次的知識涉及第一因與信仰，這兩個層次有其重疊的地方，所以有些眞理可以循兩種途徑來獲得。例如，神的存在固可以透過信仰，但多瑪士在《神學大全》一書中有名的「五路證神法」，*則是運用邏輯推論而明證。新士林

---

* 多瑪士的五路證神法在哲學史上有一定之地位，茲簡單加以介紹：(1)不動者之論證，從感官世界中，我們得知事物變動之事實，但是事物爲什麼會動呢？一物之動是受到另一物動之影響，如此再可歸因，直至無窮的後退。但是如果眞是無窮的後退，則不可能有爾後一系列的動。我們現在各種運動是事實，故無窮的後退不成立。因此，必有一終極之不動者，以帶動爾後一系列之動。此即爲上帝。(2)第一因之論證，任何一物之存在皆有其因，因又有因，將形成無窮後退，故必須有第一因，此因不假他因，爲一切因之因，此即爲上帝。(3)必然存有之論證，我們平日所見的各種事物均爲偶然的存在，並非永恆不變，是故在其背後理應有一必然存在，以爲各種偶然存在之基礎，此即爲上帝。(4)最完

哲學對於邏輯的、永恆的，以及不變
的眞理，評價最高。

> ✦新士林哲學對於邏輯的、永恆
> 的，以及不變的真理，評價最
> 高。

價值論：價值涉及理性作用

新士林哲學的形上學與知識論都
以理性爲核心，價值論也不例外。以倫
理學來說，道德的生活就是與理性和諧的生活。人類是理性的動物，
所以好的行爲也應該受理性的節制。人們有時也會受制於慾望、情緒
而導致沉淪，然而，只要是好人，其慾望與情緒應當受制於理性；理性
判斷是好的，就應該去做。我們可以說，新士林哲學的倫理觀正是理
性化行動（acting rationally）。

與其他哲學比起來，新士林哲學的美學觀比較不明確，或許是他
們太重視人類理性的本質，而這正與藝術形成有關之意志情緒之感官
背道而馳。莫里斯注意到人類對創造力的天賦特性之後，曾歸結了新
士林哲學的藝術立場是「創造的直觀」（creative intuition），帶有點神
祕色彩，是理性企圖超越它自身的傾向，就像當代的詩與藝術一樣，
想要從理性中逃出。[20] 人們的喜好賦予了藝術意義，用亞里斯多德的
話來說，藝術已經有了潛在的意義。所以，藝術，對藝術家而言，是
不證自明的，藝術家直觀藝術的意義，而不運用邏輯的方式，即使藝
術家讚賞藝術作品是由於它帶來智性的快樂亦然。

全的論證，世上之事物無論眞、善、美等都是相對，而無法止於至善，達到最
完全之境界。但是，在我們心中確實存在一最完全、最完美的標準（雖然不一
定說得出），以來判斷某事物之眞、善、美，否則各種知識、道德、藝術的發
展，殆不可能，此一最完全之理型，即爲上帝。(5)目的論證，我們尋常所見的
各種事物，均朝向一目的而動，即便是無機物，亦會形成一整體的和諧，但無
機物本身不具有意向，故整個自然必受一有智慧、有意向之存有引導，此即爲
上帝。
五路證神均是從一經驗事物出發，而反推到超驗世界，進而論證上帝是經驗事
物之因。

新士林哲學與教育

　　新士林哲學的兩個派別——宗教論與世俗論，對教育的看法是一致的。學生是理性的，他有天然的潛力去獲得真理與知識。宗教論者更重視學習者的精神面，以與神聯繫，學校的責任正是要幫助學生發展這些能力。新士林哲學對學習者理性能力是採官能心理學的立場。根據官能心理學的看法，心靈擁有許多不同的潛力與官能，值得被仔細的發展。因此，理性的官能可以透過邏輯組織的學科來加以形式訓練（formal discipline）。要學生去記憶可以發展的記憶官能，要學生去做高程度耐力的工作可以培養學生的意志。經由這種形式訓練的過程，官能可以得到充足的發展，而意志也將臣屬於理性之下。

　　新士林哲學的老師被看成是有能力且有權力發展學生理性、記憶、意志等能力的「心智訓練員」（mental disciplinarians）。在引領學生的教育過程中，新士林哲學（觀念論與實在論者亦同意）認為責任在教師身上。教師必須與其他的教育當局配合，決定學生應該學習的知識。如果能配合到學生的興趣與好奇心更好。不過，教育活動應該是以學科教材，而非學生的喜好為中心。教育就是培養學生的心智，去了解永恆不變的實體所在。

　　宗教的新士林哲學除了重視心智的訓練外，也將教師視為精神的引導者。教師不僅引導學生理性的一面，也要兼顧信仰的一面。

　　世俗的新士林哲學堅信人是理性的動物，課程應優先提供人的理性層面，心靈要被訓練成懂得思考。教育應強化智性，使人類了解宇宙的絕對真理。

　　根據這個觀點，新士林哲學的學者們認為有內在邏輯性的學科內容最能達成教育目標，應該成為課程的核心。許多世俗的新士林哲學家都同意數學最接近人的純粹理性。由於數學未受到人類紛沓事物的干擾，所以它最接近宇宙的理性本質。略遜於數學的精確，但對於強化心

靈也特別重要的是外語，特別是那些有嚴格體系的。拉丁文和希臘文最被推崇。現代語言規則較不嚴格，所以比較不重要。邏輯以及過去偉大心靈的遺產也是重要的。宗教的新士林哲學家除了同意上述世俗論的觀點外，認為系統的教義也應該成為課程的一部分。

　　新士林哲學對於教材內容的功能持著下列兩種看法：(1) 對學生解釋世界；(2) 訓練學生的心智去了解世界。所以課程應該強調智性與文化的精神面。

　　新士林哲學的教學方法論重視學生心智能力的訓練。這種立場是奠基在他們對心智訓練的概念之上。他們認為透過與理性、記憶有內在關聯之教材的訓練，可以強化智性。智性的訓練可以比喻為心智的體操（mental calisthenics），就如同肉體的鍛練。

> ✦ 新士林哲學的教學方法論重視學生心智能力的訓練。這種立場是奠基在他們對心智訓練的概念之上。他們認為透過與理性、記憶有內在關聯之教材的訓練，可以強化智性。

經由嚴格的運動，可以發展肌肉，同樣的，藉著心智的磨練，也可以強化心靈。除此之外，學生的意志，他願意接受這些艱辛的訓練，並視之為自然，也是新士林哲學的重要教學成果。*

　　如同其他的傳統哲學取向，新士林哲學對學校的社會功能仍是持保守的態度。許多人認為這是一種退化的社會哲學，因為它運用 13 世紀的思想型態來看待我們當今的社會問題。

---

* 嚴格的形式訓練，以今日的眼光來看，已不可取，而官能心理學，認為人具有種種心能，必須經由磨練來發展的看法，也早已淘汰。不過，學生基礎能力的培養，仍然成為當今教育亟待解決的問題。美國在1960年代以後「回到基本」（back to the basics）運動以及有名的「精熟教學法」，也都是強調基本能力之獲致。這也可看出，新士林哲學所欲獲致之教學目標──心智能力，對現在的教學而言，還是一個困難的挑戰。

結論

　　觀念論、實在論與新士林哲學，雖然有許多不同的觀點，但在哲學立場上卻有許多共通性。他們都重視形上學的探究；都認為宇宙有著先驗、客觀的真理，有待人類去發現；他們也都同意真理和價值是永恆不變的。在對教育的啟示上，三者也有其共通性。例如，他們都視教師為權威的化身，教師知道學生需要學什麼；三者都把課程視為一種固定（solid）的教材，並且都偏重在智性的「厚實」（heavy）內容；他們對學校的社會功能更持保守的立場，學校就是要傳遞過去的文化遺產。

　　以上三大哲學立場都影響了 20 世紀的教育。許多當代西方的教育著作都深受觀念論與新士林哲學預設的影響。有趣且值得我們注意的是在教育史中，實在論一直與觀念論和新士林哲學相對抗，實在論的哲學家與教育學者，也一直很希望為感官經驗與科學取向的教學尋一席之地，這種努力從 18 世紀啟蒙時代開始，一直到 20 世紀才取得最後的勝利。其中，達爾文主義對實在論的推波助瀾有不可抹滅的貢獻。至於傳統哲學影響的 20 世紀教育理論，像永恆主義（perennialism）、精粹主義（essentialism），以及心理學的行為主義（behaviorism），我們將在第 6 章中仔細介紹。

　　下一章，我們暫時將傳統哲學轉到當代哲學上去。當代哲學在許多生活議題立場上與傳統哲學迥異。而當代哲學也提供了更寬廣基礎的解答，使得個人可以發展其個人哲學。

討論問題

一、請說出你對觀念論哲學立場的最初印象。哪些對你最有幫助？哪些看法最有問題？

二、請說明爲何觀念論教育者對於遠足、參觀農場等活動沒有太大興趣，其所持立場爲何？

三、與觀念論相較，你比較欣賞實在論嗎？實在論的哪些觀點最有幫助？哪些看法最有問題？

四、實在論的教育工作者對遠足、參觀農場的看法如何？爲什麼？

五、請畫龍點睛的討論新士林哲學的哲學核心概念。

六、從新士林哲學的觀點，爲什麼在課程設計中看重幾何學、拉丁文？

註釋

1.　William Ernest Hocking, *Types of Philosophy*, 3d ed. (New York: Charles Scribner's Sons, 1959), p.152.

2.　我們討論觀念論時，讀者必須留意，觀念論雖然有許多派別，但他們對於觀念、心靈，都有共通性的強調。本書即以這些共通的立場爲核心。至於觀念論各學派中對哲學與教育的深入闡述，則不在探討之內。因爲本書的目的只是導論的性質。讀者若想進一步了解觀念論各派別之具體內容，應該閱讀其他更深入的哲學著作。

3.　有關於這些不同哲學家的簡易介紹，見 Jostein Gaarder, *Sophie's World: A Novel About the History of Philosophy* (London: Phoenix House, 1995).（按：本書已譯成中文，見《蘇菲的世界》，智庫出版）。

4.　J. Donald Butler, *Idealism in Education* (New York: Harper & Row, 1966); Herman Harrell Horne, *The Democratic Philosophy of Education* (New York: The Macmillan Co., 1932).

5.　Plato *Republic* 7, pp.514-517.

6.　Frederick C. Neff, *Philosophy and American Education* (New York: The Center for Applied Research in Education, 1966), p.36.

7.　行爲必須依照格律而行，這將使你同時自然希冀這些格律是一種普遍律。

8.　Herman Harrell Horne, "An Idealistic Philosophy of Education," in *Philosophies of Education*, National Society for the Study of Education, Forty-First

Yearbook, Part I (Chicago: University of Chicago Press, 1942), pp.156-157.

9. 根據柏拉圖對社會、教育的貴族式看法，觀念論顯然認為正式教育是為少數精英，而非為一般大眾。柏拉圖將人依其屬性分成三類，分別是嗜慾型（appetites）、情感型（passions）、與理智型（intellects）。觀念論特別重視理智型精英分子的教育。至於另兩類人則應受職業、技術的陶冶，對這些人而言，無論是利用見習式或職業學校教育，只要讓他們了解生活世界中的事物即可。因為這才符合他們的需求與心智特性，畢竟，他們的心靈無法超越世界的影像之外。

10. Van Cleve Morris, *Philosophy and the American School*, p.183.

11. Harry S. Broudy, *Building a Philosophy of Education*, 2d ed. (Englewood Cliffs, NJ: Prentice Hall, 1961).

12. Hocking, *Types of Philosophy*, p.225. Cf, Titus and Smith, *Living Issues in Philosophy*, p.451.

13. 同前註，449 頁。新實在論者（New Realists）或批判的實在論者（Critical Realists）對於心靈是否知覺物體本身，或是否代表了物體的論證有不同的看法，本節所述的內容並未包括這些論證。

14. 系統探討實在論對教育的論述，可參閱 Oliver Martin, *Realism in Education* (New York: Harper & Row, 1969).

15. Edward L. Thorndike, "The Nature, Purposes, and General Methods of Measurements of Educational Products," in *The Measurement of Educational Products*, National Society for the Study of Education, Seventeenth Yearbook, Part II (Bloomington, IL: Public School Publishing Co., 1918), pp.16-17.

16. Gerald L. Gutek, *Philosophical and Ideological Perspectives on Education* (Englewood Cliffs, NJ: Prentice Hall. 1988), pp.46-49.

17. Harry S. Broudy, *The Uses of Schooling* (New York: Routledge, 1988), p.81; Harry S. Broudy, "What Schools Should and Should Not Teach," *Peabody Journal of Education*, October, 1976. p.36.

18. Jacques Maritain, *Education at the Crossroads* (New Haven, CT: Yale University Press, 1943).（本書已由筆者譯為中文《十字路口的教育》，五南圖書出版）

19. Mortimer J, Adler, "In Defense of the Philosophy of Education" in *Philosophies of Education*, National Society for the Study of Education, Forty-first

Yearbook, Part I (Chicago: University of Chicago Press, 1942), pp.197-249; Robert M. Hutchins, *The Higher Learning In America* (New Haven, CT: Yale University Press, 1936).

20. Van Cleve Morris, *Philosophy and the American School*, pp.266-267.

Chapter 4
現代哲學與教育

　　第 3 章已經探討了傳統哲學，像觀念論、實在論、新士林哲學與教育的關聯。我們也一再強調，不同的哲學立場會導致不同的教育關注與實務。本章將繼續討論現代的兩種哲學立場，「實用主義」（pragmatism）與「存在主義」（existentialism）對教育的啟示。

　　我們都知道，傳統哲學有一個共同點，那就是它們都重視形上學，也就是終極實體的探討。現代哲學所關注的重點，卻由於科學發展的刺激，在哲學形上、知識、價值三個基本範疇的重點層級上，有了很大的改變。

　　長時間以來，雖然知識不斷的在累進，哲學上對人性之觀點雖然也迭有變革，但是這些改變都是緩慢而穩定的，而不致對於人們的世界觀及日常生活發生不適應的影響。然而，在 17、18 世紀，由於一些新的科學發現及理論突破性發展，繼之帶動的技術突破導致了工業革命，使傳統社會為之一變，也使得西方世界的哲學立場發生斷層。

　　歷經 19、20 世紀，科學知識繼續爆增，對社會產生更大的影響。人們開始反對一種終極實體的概念，他們不認為實體是靜止不動的，甚至不想去探究實體的存在。人們逐漸認為人所能掌握的真理知識是相對的，沒有永恆的必然性。

　　所以，現代哲學都儘量不處理終極實體的問題，對真理價值大多採取相對的看法。實用主義是以社會群體之觀點出發，存在主義則是以個人主義為核心。實用主義從形上學的關注中走出，以知識論作為哲學的中心問題，存在主義則轉到價值論上去。現代哲學所關注興趣的轉變，深深影響到了教育，諸如學生的特性、教師的角色、課程內容、教學方法以及學校和教育的社會功能，也都有了嶄新的意義。

實用主義

背景

　　實用主義是典型的美國哲學思想。它的發展是近一百年來的事。皮耳士（Charles S. Peirce, 1839-1914）、詹姆士（William James, 1842-1910）與杜威（John Dewey, 1859-1952）是三大代表人物。

　　傳統哲學企圖以靜止的觀點去解釋事物，在社會變遷輕微時，這或許適用。但是在 19 世紀末，受到工業革命的影響，史無前例的社會變革業已來臨。工業化、都市化、人口大量遷移，是美國社會的景觀。而在西部開拓的過程中，美國人必須與艱困的環境搏鬥。在美國人的生活經驗裡，變遷才是常態。所以，美國的思想家從生物學理論及社會達爾文主義（social Darwinism）中去探討「流變」（change）的概念。實用主義，也可稱之為「實驗主義」（experimentalism）或「工具主義」（instrumentalism），正是對流變現象關注的一種哲學立場。

　　詹姆士曾經以下面的方式界定實用主義，他說：「實用主義的態度是從『過去的事件』（first things）、『原則』（principles）、『範疇』（categories）以及『必然性』（supposed necessities）中走出，取而代之的是『接近現在的事件』（last things）、『成果』（fruits）、『結果』（consequences）與『事實』（facts）。」[1] 實用主義否定了傳統哲學體系對終極、絕對與永恆本質的看法。他們特別重視實徵的科學、流變的世界以及現今存在的問題。任何超越科學之外有關實體本質的探討，都不為實用主義所取法。

> ✦ 實用主義否定了傳統哲學體系對終極、絕對與永恆本質的看法。他們特別重視實徵的科學、流變的世界以及現今存在的問題。任何超越科學之外有關實體本質的探討，都不為實用主義所取法。

　　實用主義早在希臘時代就可尋得

蛛絲馬跡，例如赫拉克利圖斯（Heraclitus），約在紀元前 5 世紀左右，就堅信世界是流變的。17、18 世紀英國的經驗論者，重視由感官經驗以獲知，對實用主義也有一定的影響。當然，實用主義在教育影響最大者，仍首推杜威，[2] 他的觀念深深影響了 20 世紀的教育理論與實務。

　　實用主義對教育的影響，也可從它帶動了進步主義（progressivism）而看出。此外，實用主義也直接或間接的影響了重建主義（reconstructionism）、未來主義（futurism），與教育人本主義（educational humanism）的發展。有關這些教育理論，我們將在第 6 章中探討。

實用主義的哲學立場

形上學：經驗的實體

　　一些實用主義學者不認為實用主義有形上學。這是很容易理解的，因為實用主義對於傳統形上學諸如終極、絕對等超越於人經驗之外的主張深惡痛絕。即使有所謂的實體秩序，那也不是我們所能知道的。物質與心靈，在實用主義學者看來，不是相互分離而獨立的。人們經由經驗去認識物質，經由心靈反映這些經驗。所謂終極實體，不是我們人類所能發現的。

　　以柏拉圖的比喻為例，實用主義學者正是認為人們生活在感官知覺的「洞穴」裡。這並不是說洞穴就是實體的全部，只能說，洞穴是我們所擁有的全部。在實用主義看來，我們生活在經驗的世界裡，無從知悉超越我們經驗之外，是否另有真理或實體存在。

　　在時光的飛逝中，人們的經驗會改變，所以實用主義的實體觀也是流變的。在他們的形上學觀念裡，沒有任何絕對的、先驗的原理，或是不變的自然律則。實體不是一個絕對的「事物」，它是一個不斷歷經交互作用變遷的經驗。詹姆士認為我們是生活在瞬息萬變的世界裡（a universe with the lid off）。杜威也像詹姆士一樣，從舊式固定限制的封閉世界觀中走出。

實用主義認為宇宙實體會隨著時間而改變。例如，從前人們相信地球是宇宙的中心，歷經哥白尼的革命，才轉向以太陽為中心，而 20 世紀普遍相對論又對宇宙實體有嶄新的看法。所以，實用主義認為實體會隨著人類擴增的經驗而改變。今天正確的，明天不一定正確。實體不能離開經驗而存在，就好像物質不能離開心靈一樣。我們既生活在變異的世界中，以此有限的經驗所建構的科學律，自然只是一種較接近的「或然率」（probability）而已，而不可能是所謂的「絕對」。

知識論：真理即行動（works）

實用主義基本上是知識論取向的。知識，在實用主義看來，是根源於經驗。人們所擁有的心靈是主動探索的，而非被動接受。所以，人們不僅獲得知識，更與環境交互作用，知識的獲得，是一種交互作用（transaction）的歷程。人們在環境中的所作所為，必然會發生結果。人們從他與外在世界交互作用的經驗中來學習。

實用主義的知識論方法，主要是探討如何將交互作用的經驗轉化成知識，杜威在《思維術》（*How We Think*, 1910）一書中有很清楚的說明，他把人類的思考分成五個步驟。[3] 第一是面臨問題，人們在日常生活中會面臨許多困境以阻礙其進步，這些情境會讓當事人暫時受挫，而當心靈正視問題情境時，思考就開始運作；第二是找出問題的關鍵所在，排除最先情緒之反應。在此步驟中，個體必須診斷問題的情境，精確的掌握問題的本質所在；第三是找出可能的解決方法，在此階段中，人們盡可能的去聯想，找出可能的解決方案，這些解決方案是一種「引導觀念」（guiding ideas）的形式或假設；第四是評估各種可能的解決方案，去想像各方案如果付諸實行，可能會有何種後果，而逐漸縮小範圍，找出確實可行之途；第五，檢測假設，將我們所思索的最好方法付諸行動。如果問題解決，那麼就得到了真理，此真理必須在實際中運作；如果不能解決問題，那它就不符合實用主義所界定的真理。假如我們所提的假設被證明是假的，那至少應該回到第四步驟（或更前），重

新在可能的假設中去印證真理。

實用主義的真理知識必須透過行動的驗證，所以實用主義學者特別要我們釐清知識與信念（belief）。某人聲稱他相信某些事物，只是他個人的關注而已，如果要確定某事爲真，還必須透過客觀的觀察。也就是，信念是私人的，而知識卻是公共的。雖然實用主義也發現一些信念可構成知識，但是大部分信念仍有待檢證。實用主義的學者認爲任何陳述如果是真的話，都可以用「若……則」（if…then）的語言表達，也可經得起他人實證經驗的考驗。

實用主義的知識論立場並沒有訴諸於任何先驗的概念或絕對的真理。人們生活在不斷擴展變遷的經驗世界裡，適合今天的，不見得就能滿足明天的需求，所以實用主義的真理觀是採相對的立場。

價值論：價值來自社會

實用主義的價值論也與其知識論息息相關。價值是相對的，所以沒有任何絕對的原則供我們取法。當文化變遷時，價值也跟著改變。這並不是說價值可以每天改變，實用主義的重點在於說明沒有任何永恆不變的價值。

在倫理學的領域裡，實用主義將所謂合宜行誼的標準訴諸於社會的考驗（social test）。倫理學上的善，在於它能「運作」（works），也像知識論一樣，倫理學的標準必須符合社會的公共考驗（public test），而不是只針對個人的利益。例如，我很想致富，偷竊有助於我達成此一目標，結果會令我滿意，因爲偷竊對我有好處，所以是道德的。然而，實用主義學者卻認爲，這只是針對他個人，而無法在整個社會制度下運作。因爲，如果每個人都偷竊，我們就無法靠偷竊而致富，偷竊只能使私人致富，而無法讓所有人都致富，因爲它經不起公共的考驗，無法在社會運作，無助於公民生活，所以偷竊不能算是「善」或「道德」。

早期實用主義學者也曾經去檢視過摩西十誡（commandments），他們比較重視後六誡（如不可殺人；不可姦淫；不可偷盜；不可作假證

而害別人；不可貪圖別人的房舍；不可貪戀你朋友的妻子、僕人、牛驢和財物），這涉及到人與人之間的相處，而比較忽略前四誡所討論的人與神之間的關係，因為這無法用經驗的方法加以檢測。實用主義重視十誡的倫理學涵義有下面的理由：(1) 整個西方文明的倫理價值系統是建立在這些誡律的道德觀念上；(2) 希伯來－基督教的教育立場正是道德教育；(3) 用宗教教義行道德教學的傳統，被達爾文主義及生物學上的批評所詆毀；(4) 如果文明是一個連續體，道德也需要重覓一個基礎——從公立學校中來進行。所以，實用主義希望透過其對傳統教義的價值檢證，將西方傳統宗教取向的價值觀賦予新義，而解決當前的社會問題。

　　我們討論摩西十誡，並不是說實用主義擁護這些被視為永恆的誡律。相反的，實用主義學者鼓勵我們在面臨到道德困境時，不要從既定的規範中去找答案，而是要去探索到底要怎麼做，才能有益於大眾。西方的許多傳統價值，運用實用主義公共經驗的考驗，排除許多非科學的「宗教」成分後，仍然能證明其效力。如此一來，實用主義就可以發展出一套建立在傳統倫理之上的教學原則，而適應世俗社會的需求。

　　實用主義對於美學的標準也訴諸於人類經驗，這也與傳統哲學有別，後者認為美學判斷超越人經驗之上。杜威在《藝術即經驗》（*Art As Experience*）一書中，為實用主義的美學立場提供了許多線索，美學的鑑定標準，可以透過「社會品味」（social taste）。美的概念植基於人們在審美經驗中感受。例如，呈現一件作品，人們在生活中有新的體驗，也就會有新的感觸，對作品就會有更好的情緒感染，他們也就經驗到了一個藝術作品。以此觀點，實用主義反對傳統將藝術分精緻與實際的分類。實用主義認為以上兩類都可以進入人的經驗之中，人們能從中進行藝術鑑賞。

實用主義與教育

實用主義知識論的觀點，對教育工作者的最大啓示是重視學生的經驗。學生是經驗的個體，能夠運用其智慧以解決問題情境。學生因應環境的行動，構成了他們的學習，而行動的結果又指引了另一行動。對實用主義而言，學校經驗是生活的一部分，而不是爲未來生活而預備。所以學生在學校所學的，與在其他生活周遭所學的，不應該有質的差異存在。隨著學習經驗的增加，學生不斷的嘗試解決問題，益發地使他們的行動受到反省思考的支配。運用智慧的結果促成了學生的成長，更增加了學生與環境的交互作用，並能適應變遷的社會。學生逐步成形的觀念，不斷成爲生活成就上的工具。

> ✦ 實用主義知識論的觀點，對教育工作者的最大啓示是重視學生的經驗。學生是經驗的個體，能夠運用其智慧以解決問題情境。學生因應環境的行動，構成了他們的學習，而行動的結果又指引了另一行動。

在實用主義教育的脈絡下，教師的角色與傳統截然不同。老師不能「預知」學生未來需要些什麼，所以也無法提供所謂「本質性的知識體系」給學生。因爲我們的世界是變動不居的，教師無法提供先驗的，或絕對的知識，這修正了傳統哲學對教師角色之看法。

實用主義把教師視爲學生在教育經驗中的同伴。每天的教室狀況應反映變遷的世界。不過，教師比學生更有經驗，所以應負導引與設計之責。他要從學生自覺的要求中，建議及引導學生活動。教師在此廣大的經驗脈絡之中，扮演好其導引之角色，並蒙受其益。不過，要特別注意的是，他們不能根據自己的想法去揣測學生的需求，從而去設計教室活動。

傳統教育哲學以學科內容爲教育的核心，學生必須符合這些學科領域之標準。實用主義反對這種立場，他們把學生及其需求興趣視爲

教育的核心，學科內容應該要能滿足學生的需求。

　　課程，根據杜威及其他實用主義的觀點，不應該被限制在分離的、違反自然的學科之上。它應該以學生所面臨的問題與經驗為基礎，設計出較為自然的單元。隨著年級的不同，學生所研討的單元也不同。傳統學科（如藝術、歷史、數學、閱讀）最好以一種問題解決的技術呈現，以鼓舞學生的內在好奇心，去學習這些較枯燥的學科。就好像他們每天的生活經驗中，也必須要有興趣去解決所面臨的問題一樣。

　　實用主義的教學方法論，是給予學生極大的自由，讓他們在其學習經驗中，尋找對他們最有意義者。教室（不能只侷限在學校），或是任何可以提供經驗的地方，都應該被視為一種科學的實驗室，任何觀念，都必須通過檢證的考驗。戶外旅行，在實用主義看來，比閱讀或是視聽媒體提供更有幫助。因為學生能夠獲得第一手與環境交互作用的機會。雖然，戶外教學或其他與環境主動經驗的教學是費時的。但是，從另外一個觀點來看，它卻更能引起學生的內在動機與興趣。同時，由於所提供的經驗是直接而非間接的，所以也更具意義。例如，要教授酪農的知識，與其讓學生讀文章、看影片，不如帶學生到農場去，讓學生去聞、去擠牛奶。由此看來，實用主義的教學方法論與其知識經驗論實無二致。實用主義叫座的方法之一是設計教學法（project method），我們將在進步主義中詳細介紹。

　　我們必須留意，不是所有的實用主義學者都反對書本、圖書館、博物館，以及系統的知識來源。杜威就曾經指出，所有「最初」的學習都應該建立在「日常的生活經驗」之上。當學生逐漸成熟，並累積了許多生活經驗，他們就可以開始學習一些較非直接的、邏輯取向的系統學科知識。換句話說，杜威認為學習可以以學生的直接經驗為基礎，再提升到各種替代性的學習方法上。這些學習方法都是有意義的，因為它們仍是以重要的日常生活經驗為基礎。[4]

　　關於學校功能的社會政策方面，實用主義是採取自由主義（liberalism）的看法，因爲實用主義不僅無懼於社會的變遷，甚而認爲社會變遷是無可避免的。學校的功能正是要教育年輕的一代以一種較健康的方式來處理社會變遷。所以，學校的目的不是要學生去記憶系統的知識內容，而是要他們學習如何學，使學生能在現在與未來不斷的變遷世界中適應。根據這種觀點，實用主義學校所心儀的課程，將比較重視歷程，而非內容。

> ✦ 所以，學校的目的不是要學生去記憶系統的知識內容，而是要他們學習如何學，使學生能在現在與未來不斷的變遷世界中適應。根據這種觀點，實用主義學校所心儀的課程，將比較重視歷程，而非內容。

　　實用主義的政治立場是民主主義。學校，在實用主義學者看來，是一個民主的生活與學習的環境。每一個人都參與決策的歷程，很快地，學生會步入社會中，參與更大的決策。無論學校或社會的參與決策，都必須以社會成果作爲評估標準，而不必訴諸傳統權威。只要社會、經濟、政治變遷有助於社會更美好，它們就符合善的標準。

新實用主義

　　古典實用主義在 20 世紀前半葉的哲學圈中（特別是美國）有相當的勢力，不過，在 1950 年代左右，則被分析哲學邊緣化了。分析哲學盛行了 25 年到 30 年左右，在 20 世紀的最後 20 年，分析哲學也日薄西山，反倒是實用主義有復甦的跡象。

　　新實用主義的代表人羅逖（Richard Rorty）在 1979 年美國哲學會上所作的演講，語出驚人的說「哲學的終結」（the end of philosophy）。羅逖認爲，傳統哲學和分析哲學都是走不通的路。對羅逖而言，哲學家並不具備特別的知識、特別的路徑探求知識，或特別的方法以確定知識。知識，在羅逖看來，是無法建立在觀念（ideas）對實體（reality）的符應之上。傳統哲學或分析哲學都認爲知識是對實體的眞實再

現，這種看法是虛幻的。新實用主義所彰顯的威廉・詹姆士精神即在於哲學對話是建立在相互滿意的社會信念，而不是「把真理視為不受時空影響、必然及非偶然（unconditional）的基礎上。」[5] 羅逖認為哲學應是對重要問題的持續「對話」（conversation），而不在於探討形上學、知識論的確定性。除了羅逖外，其他重要的新實用主義學者還包括美國的普南（Hilary Putnam）及德國的哈伯馬斯（Jügen Habermas）。[*]

新實用主義學者們對哲學的看法不盡相同，不過，其共通性則頗契合傳統實用主義，這些哲學共通性包含下列幾點：(1) 對各種訴諸於「絕對」的批判；(2) 強力支持人類經驗、信念及探究的多樣性；(3) 持續的重視倫理、政治及社會責任；(4) 堅定的認為人類經驗的變異性；(5) 對民主方式的承諾；(6) 提倡社會各階層能共同理解及參與溝通的語言；(7) 人類行動建立在「重構」（reconstruction）傳統哲學的積極態度。[6]

新實用主義的理念透過後現代主義對教育的啟示（參考本書第 5 章）直接反映在教育生態中，特別是在批判教育學旗幟下的各種民主改革方案（參考本書第 6 章）。

存在主義

背景

存在主義的發展帶給哲學一個新氣象。它幾乎是 20 世紀的產物。

---

[*] 普南（1926-2016）是分析哲學的健將，曾經提出「桶中之腦」的思想實驗，企圖說明人並無法透過感官確定客觀的外在現象，也無法確定自身。讀者也可用莊周夢蝶來思考。晚年普南很重視俗民常識，故作者在此將之列為新實用主義，可能著眼於此。哈伯馬斯（1929-），一般被認為是法蘭克福學派批判理論之代表人物，提出經驗分析、歷史解釋及批判取向的知識分類，也提出溝通理性，其溝通理性觀也有杜威實用主義的類似經驗分享觀念，可能作者著眼於此，也納入新實用主義陣營，譯者認為讀者不必拘泥作者分類。

在許多方面，存在主義反而更接近文學與藝術，而遠離了哲學體系。無疑地，它更關注在個體的情緒，而非智性的發展。

存在主義，由於學者們的看法歧異，所以也很難去界定。美國的存在主義學者考夫曼（Walter Kaufmann），在他的著作《存在主義：從杜斯妥也夫斯基到沙特》一書中，曾經有下面的說明：

> 存在主義，不是一個哲學，而是一群不滿傳統哲學的改革者所豎立起的旗幟。許多被歸類為存在主義的學者，根本反對這個稱呼。存在主義以外的學者發現這些存在主義者的共通點就是彼此不相容。[7]

與我們曾經介紹過的觀念論、實在論、新士林哲學，與實用主義相比較，存在主義的確不適合被歸類為一種哲學學派。考夫曼曾經界定了存在主義之核心：(1) 拒絕歸屬任何哲學思想派別；(2) 反對任何哲學體系與信念體；(3) 反對傳統哲學那種膚淺、專門而遠離人生的立場。[8]

個性化（individualism）是存在主義的中心支柱。存在主義並不企求去找尋普遍性。每個活生生的個體，就是其目的。

> ✦ 個性化（individualism）是存在主義的中心支柱。存在主義並不企求去找尋普遍性。每個活生生的個體，就是其目的。

存在主義植基於祁克果（Søren Kierkegaard, 1813-1855）與尼采（Friedrich Nietzsche, 1844-1900）。他們兩者對於基督教拘泥者的形式主義、非人性化以及黑格爾氏的思辨哲學，都有很大的反感。祁克果藉著提升人的地位、重視個人選擇與責任的角色，重振基督教精神；尼采則反是，他極力抨擊基督教，聲稱上帝已死，高舉他的超人說。

存在主義在二次大戰後，對世界有獨特的影響，主要有兩個因素。第一，由於受戰火的蹂躪，東西方兩大陣營史無前例的武裝對

峙，愈發地使人們重視生命意義的尋求；第二，工業化泯沒了人性，刺激了存在主義學者尋求生命的新義。存在主義學者大力疾呼社會不應抑制人的個性。當代存在主義大師有雅斯培（Karl Jaspers）、馬色爾（Gabriel Marcel）、海德格（Martin Heidegger）、沙特（Jean-Paul Sartre）及卡繆（Albert Camus）等。

存在主義焦點置於其特定的哲學問題關注上，而沒有涉獵到教育實務的探討上。存在主義之所以沒有注意到教育問題，可能與它關注個體，而忽略社會團體有關。教育一向被視為一種群性的活動。不過，正因為存在主義重視個體，所以一些教育學者乃集中此點引申到對教育的啟示上，如巴布（Martin Buber）、葛琳（Maxine Greene）、喬治・奈勒（George Kneller），與莫里斯（Van Cleve Morris）等。[9] 喬治・奈勒的《存在主義和教育》，以及莫里斯的《教育中的存在主義是何意義？》尤為存在主義影響教育的代表作。

存在主義學者認為哲學不應逃避死亡、生命、自由等的基本問題。智性，不應成為哲學主要的探討對象。哲學，應由情感形成（informed by passion），對情感深處的描繪才是終極本質所在。西班牙的天主教哲學家烏納穆諾（Miguel de Unamuno, 1864-1936）曾批評那些只用腦去從事哲學的思想家為「理論販子」（definition-mongers）或「職業思想家」（professionals of thought）。[10]

由上面的說明，我們可以了解存在主義並不是一個系統的哲學。所以，存在主義並沒有為教育規劃一個具體可行的方案。不過，它提供了一個嶄新的精神與態度，使教育工作者得到許多啟示。我們也必須以此觀點來看待存在主義。當閱讀存在主義文獻時，存在主義的學者並不會把他們的思想區分成形上學、知識論與價值論。在此為了讓初學者對存在主義有一個明確的概念，使初學者能獲得基礎知識、發展洞見、進一步評估與比較，仍以傳統的架構加以分析行文，想必為存在主義學者所反對。這是讀者要特別留意的。

存在主義的哲學立場

形上學：存在即實體

存在主義的實體觀是個體的存在。在我們了解存在主義形上學時，可從它對立的新士林哲學說起，新士林哲學認為在時間先後上，「本質先於存在」（essence precedes existence）。例如，神創造了萬物（包括人），當神創造人的時候，在神的心中先有人的概念（本質），然後才創造了活生生的人。

存在主義則反是，他們認為，「存在先於本質」。人必須先是存在的，他才能去界定到底他是什麼（也就是本質）。人常常會詢問：「我是誰？」「存在的意義是什麼？」世界不會給我任何答案。每個人都從其日常生活經驗行動的歷程中去界定自身的本質。在生命的過程中，個人不斷的在抉擇，發展其好惡。人從其行動中，會體認到他本身是一個獨立的個體，也會了解他的一切正是其選擇的結果。個人沒有辦法不接受自己的存在，也必須面對那絕對的、無法逃避的抉擇責任。

> ✦在生命的過程中，個人不斷的在抉擇，發展其好惡。人從其行動中，會體認到他本身是一個獨立的個體，也會了解他的一切正是其選擇的結果。

存在主義將實體的焦點置於每個人的自我（self）之上。存在，正是存在主義哲學的焦點所在。當人們面對生命、死亡、意義等死板板的實體時，他卻有十足的自由，可以為自己的本質負責。傳統哲學把人的「誠真性」（authenticity，或譯為本真）向邏輯體系繳械；基督教向神臣服；實在論向自然尋求意義；實用主義則依附環境。所有這些企圖掌握實體的方式似乎都忘了人本身就是一個驚奇的實體，可以為其抉擇負責。這些哲學都把個人抽離而出，無視於其經驗，妄圖掌握實體。事實上，遠離了存在，也就失去了意義。

沙特特別有此感悟，他說：

> 人，在存在主義看來，是無法預先界定的。因為人最初空無所有；後來，漸漸有人的模樣，而這是透過他自己的意願所造成。所以，沒有所謂人的本性，即使是神也無從知悉人。只有人才曉得他自己是什麼，不僅如此，在直入存在之後，人是唯一可以使自己成為自己所希望者。人就是靠他自己的所作所為，乃成就他自己，這就是存在主義的第一原則。[11]

一些讀者可能會質疑存在主義學者不重視思想。這對存在主義而言，並不是問題。因為對許多存在主義學者來說，生命不需要智性的活動，甚至於，它根本就是「荒謬的」（absurd）。

知識論：真理即選擇

存在主義認為知識權威的中心是人本身。人並不是「種」（species），而是一個活生生的「個體」。意義、真理，不會自己在宇宙中形成，是人賦予了這些事物的意義與特性。例如，存在主義學者聲稱，當人賦予自然不同的意義時，「自然律則」就會改變。人會有動機去相信許多外在的意義，所以他會自己選擇他相信的事。

如果存在先於本質，先有人，乃創了觀念。所有的認知都置身於個體自我之上，自我可以抉擇何事為真。所以，真理是建立在存在的選擇之上，而存在的選擇又是建立在個人的權威之上。即使是宗教的存在主義者，也著重人自己直接面對聖靈，而不靠權威的啟示。存在主義的這種知識看法，嚴重的悖離了傳統取向的宗教真理觀。

價值論：價值來自個人

傳統哲學著重在形上學的探究，實用主義著重知識論，存在主義則把焦點置於價值論之上。如果以「存在」來代表存在主義的形上立

場；以「選擇」來代表存在主義的知識論立場，那存在主義的價值論也就結合了哲學的關注與日常生活的活動，把人看成是「存在的選擇者」（existential chooser）。

存在主義企圖從虛無中創出價值。人未經其同意即被拋進這個世界，他可以自己選擇其愛好，他沒有被命定。相反的，他被宣告是有自由的（condemned to be free）。由於他有自由，他必須為他的抉擇與行動負責。人本論者羅傑士（Carl Rogers）曾說：「人不要依賴聖經先知或是任何神論、不要受制於佛洛依德、不要依賴各種研究成果、不要由別人來決定。」[12] 人，作為一個獨立的個體，有個人的經驗，自己的抉擇就是權威。當然，人也不能為其行為找任何藉口。沙特說：「人不能從他的自由和責任中退出（no exit）。」[13]

在倫理學的範圍裡，沒有任何絕對，沒有任何人可以為他人確立合宜行為的本質。如果有這種外在權威的話，生命會變得很簡單——人只要照著既定的要求即可。但是不然，人在自由抉擇倫理的問題時，會有很大的痛苦，因為人必須作選擇，而且必須為這些選擇負責。他不能回頭從他本身之外尋求任何權威來源。

當個體了解到自己的選擇會帶來實際的傷害時，他會感到痛苦，會時時的為自己的自由責任而痛苦。然而，如果個體會因為自己的選擇而痛苦，他們也將可以另外作倫理的選擇以抵消這些傷害。人有潛力讓自己更好、更壞，甚或毀滅自己的存在。

所謂活在負責任的生活之中，正意味著人的行為抉擇必須對自己真誠。人們行動後產生不愉快的後果並不吸引存在主義學者的重視。人要勇於行動，不要投鼠忌器。沙特認為唯一的道德問題就是：「此時此地，我該選擇最真誠（the least phoney）的事為何？」[14] 不行動是不負責任的，因為他企圖去尋求一個沒有緊張痛苦的世界，這是不可能的。存在主義學者已經注意到了，人只要死了就不會緊張。不過，許多人不惜代價以避免衝突，正是使他們的生活像死亡一樣。與死亡相反的

是生活。人在生活中，作各種倫理的抉擇，就無法避免緊張。

存在主義者的審美標準可以視為是一種對共通標準的反動。每個人對於什麼是美都可以自己豎立絕對的標準，沒有人可以為其他人抉擇。我認為美就是美，誰能否認我？

存在主義和教育

我們前面已經提及，主要的存在主義學者並未對教育作任何詮釋，這並非意味著他們滿意學校的一切。相反的，存在主義學者對許多教育的現象都感到困惑。他們發現許多教育的興革都只是為了吸引大眾的宣傳口號罷了。他們也指出許多流行的教育活動根本對學生是一種傷害，他們要學生為未來的消費型態而準備，將學生導入當代工業科技與科層體系的機制裡，而不是幫助學生發展獨特的自我與創造性。存在主義學者目睹此種教育情景，必然要大聲譴責，教育正腐蝕了人類最重要的特性。

存在主義的哲學反對將個人組織化，它期待個人能成為教育的中心，莫里斯認為存在主義的教育關注，是要幫助一個學生了解下列的命題：

1. 我是一個抉擇的個體，在生命的過程中不能逃避抉擇。
2. 我是一個自由的個體，有完全的自由去設定我的生活目標。
3. 我是一個負責任的個體，當我抉擇了我應該過何種生活時，我必須為其負責。[15]

存在主義的教師角色有別於傳統教師，他並不重視認知的傳遞，也不握有所謂「正確的答案」（right answers），他只不過是一位願意幫助學生探索可能答案的人。

存在主義的老師重視每一位學生獨特個性的發展。他深深體會到，沒有兩個學生是一樣的，所以不需要齊頭式的教育。師生的關係應該是巴布所謂的「我與汝」（I-Thou），而非「我與它」（I-It）的關

係。也就是把學生視爲一個獨立的個體，可以自己主動的探索；而不是把學生看成一個對象，需要外在導引與灌注知識。

存在主義的教師，就如同羅傑士所描述的，他是一個「促進者」（facilitator）。老師必須尊重每一位學生的情緒與非理性的一面，從而引導學生，讓學生更了解他自己。當老師與學生以多種角度去探索人生經驗時，他們無可避免的會面臨到終極問題，像生、死、人生意義等等。在探討這些問題時，老師和學生可以共同分享其角色與經驗，使雙方都能更了解，處在這個機械化的世界中，應如何顯現自我獨特的個性，不致隨波逐流。套用卡繆的話來說：「請不要站在我前面，我不會跟隨你；也不要站在我後面，我不願領導你；請站在我旁邊，讓我們做朋友。」（卡繆語爲譯者所加）的確，存在主義的師生觀，就是師生之間維持朋友之間的關係。

> ✦當老師與學生以多種角度去探索人生經驗時，他們無可避免的會面臨到終極問題，像生、死、人生意義等等。在探討這些問題時，老師和學生可以共同分享其角色與經驗，使雙方都能更了解，處在這個機械化的世界中，應如何顯現自我獨特的個性，不致隨波逐流。

存在主義學校的課程應該是開放而變化的，因爲存在主義的眞理觀是開展與流變的。以此觀點，學生的決定是選擇課程教材的依據。當然，這並不意味著傳統學科在存在主義的課程裡沒有任何地位，它只不過說明了存在主義的課程觀，比諸傳統學科的層級性，要更靈活得多了。

存在主義學者大都同意傳統教育的基本教材——像讀寫算三 R、科學與社會學科等之地位。因爲這些基本學科是創造力及人了解其自身能力之基礎。不過這些學科的呈現應該與學生的情緒發展聯繫在一起，而不能像傳統教育般的，孤懸於個體存在之意義與目的之外。

人文學科在存在主義的課程裡占有非常重要的地位。因爲這些學

科對人類經驗的重大爭議，常能發人省思。人文學科的主題圍繞人類對性、愛、恨、死、疾病及其他重要生活層面的抉擇，既正視了人類的積極面，也正視其消極面。所以，人文學科提供了一個人的全面概念，比科學更有助於了解人類自身。

存在主義的課程觀是相當開放的，除了基本學科與人文學科外，只要是對個人有益的任何學科，都可作為課程內容。

存在主義的教學方法論並沒有任何的限制。他們反對課程、教材、教法的「制式化」（uniformity），學生可以選擇他喜歡的學習方法。這些選擇的方法，不限於傳統學校、各類型的學校，甚至商場、政界，以及個人事務的領域裡，都可尋求。伊利希（Ivan Illich）在他的名著《沒有學校的社會》（*Deschooling*, 1970）所探討的各種學習方案，應能被許多存在主義學者接受。

存在主義教學方法論的中心標準是「非強制性」（noncoerciveness）。這些方法要有助於學生去發現，並使學生成為他自己。或許，典型存在主義的教學方法取向可見之於羅傑士（Carl Rogers）的《自由學習》（*Freedom to Learn*, 1969）、尼爾（A. S. Neill）的《夏山學校》（*Summerhill: A Radical Approach to Child Rearing*, 1960）。

存在主義並不重視學校或教育的社會功能與政策。其重視的是個人發展，而非人類存在的社會層面。

結論

當代哲學實用主義與存在主義雖然有許多不同點，但它們也有許多共通性。在對抗傳統哲學方面，兩者都反對先驗的知識論；兩者都認為形上學的終極實體與本質，不應超越人之外；對價值與真理都採用相對的立場；都著眼於人，或者是以人為中心。不過，實用主義與存在主義

有一個很明顯的差異，實用主義將其相對主義與人文主義置於社會的權威之上，而存在主義則強調個人角色。

在教育的啓示上，除了本章所討論的外，實用主義與存在主義也有很多類似的地方。例如，在教師的角色上，兩者都認爲教師應是引導者與促進者，而非權威的形象；在課程上，兩者都同意應以兒童的需求爲中心，而不應該訴諸不變的眞理實體；在學校的角色功能上，兩者都認爲學校的主要功能不應是傳遞過去的知識到下一代身上。

實用主義和存在主義都影響了 20 世紀的教育。迄今爲止，實用主義影響較大。事實上，實用主義廣泛的影響到教育的各個層面，從學校建築、教室設備（classroom furniture）的規劃、學生活動中心之設立，到課程的多樣化，兼顧專門與實用。許多觀察家認爲實用主義使得美國及其他國家的學校教育澈底「轉型」（transformed）。存在主義的影響爲時尙短，也沒有那麼顯著。然而，像「另類教育運動」（movements in alternative education）、教育的人本主義（educational humanism）與 1970 年代的反學校化運動（deschooling），都植基於存在主義。實用主義和存在主義在 1990 年代後，透過後現代主義，都對教育產生了新的影響，我們將在第 5 章審視這些影響。

我們已經審視了傳統與現代的五種哲學立場，並探討它們與教育的關係。我們必須再強調，哲學體系很難化約，將它們分成觀念論、實在論、存在主義……等，只是爲了有助於引導我們，迅速的了解在人類不同年代面臨這些問題時，所可能的回應之道。在第 6 章，我們將再探討 20 世紀深受傳統與現代哲學影響的各種教育理論。不過，在下章，我們先檢視後現代主義對教育的啓示。

討論問題

一、請說出你對實用主義哲學立場的最初印象？哪些最正確？哪些最有問題？立論基礎何在？

二、哪些哲學立場可能會使實用主義教育者反對正式課程上幾何學、拉丁文的學習？

三、請為存在主義的哲學核心概念畫龍點睛，並加以討論。

四、如果學校是以存在主義哲學辦學，你是學校的老師，你會如何準備一天的教學活動？

五、實用主義與存在主義共同捕捉了何種重要真理？

註釋

1. William James, *Pragmatism* (New York: Longmans, Green and Co., 1907), pp. 54-55.

2. See especially, John Dewey, *Democracy and Education* (New York: The Macmillan Company, 1916); and John Dewey, *Experience and Education* (New York: The Macmillan Company, 1938).

3. John Dewey, *How We Think: A Restatement of the Relation of Reflective Thinking to the Educative Process*, new ed. (New York: D. C. Heath and Co., 1933). pp.106-118.

4. Dewey, *Experience and Education*, pp.86-112.

5. John Patrick Diggins, *The Promise of Pragmatism: Modernism and the Crisis of Knowledge and Authority* (Chicago: University of Chicago Press, 1994), pp.11, 15, 416; Richard Rorty, *Philosophy and the Mirror of Nature* (Princeton, NJ: Princeton University Press, 1979).

6. Richard J. Bernstein, "The Resurgence of Pragmatism," *Social Research* 59 (Winter 1992), pp.813-840. See also, C. A. Bowers, *Elements of a Post-Liberal Theory of Education* (New York: Teachers College Press, Columbia University, 1987), pp.137-157.

7. Walter Kaufmann, *Existentialism from Dostoevsky to Sartre*, rev. ed. (New York: New American Library, 1975), p.11.

8. Ibid., p.12.

9. Martin Buber, *Between Man and Man* (Iondon: Kegan Paul, 1947); Maxine Greene, *Teacher as Stranger: Educational Philosophy for the Modern Age* (Belmont, CA: Wadsworth Publishing Co., 1973); George Kneller, *Existentialism and Education* (New York: John Wiley & Sons, 1958); Van cleve Morris, *Existentialism in Education: What It Means* (Now York: Harper & Row, 1966).

10. Miguel de Unamuno, *Tragic Sense of Life*, trans., J. E. C. Fitch (New York: Dover Publications, 1954), p.14.

11. Jean-Paul Sartre, *Existentialism and Human Emotions* (New York: Philosophical Library, 1957), p.15. William Barrett 評論沙特有關人的處境時，曾提及「自我……在沙特看來……是空無所有的幻影……唯一的意義」個人「可從其自身虛無而生的自由方案中賦予」，見 *Irrational Man: A Study in Existential Philosophy* (Qarden City, NY: Anchor Books, 1962), p.247.

12. Carl R. Rogers, *On Becoming a Person: A Therapist's View of Psychotherapy* (Boston: Houghton Mifflin Co., 1961), p.24.

13. Jean-Paul Sartre Sartre, *No Exit* (New York: A. A. Knopf, 1947).

14. 引自 Mary Warnock, *Ethics Since 1900*, 3d. ed. (New York: Oxford University Press, 1978), p.131.

15. Van Cleve Morris, *Existentialism in Education*, p.135.

Chapter 5
後現代主義與教育

20 世紀最後的 25 年，後現代主義（postmodernism）的哲學立場擅場。但是也衍生了一個大問題，即後現代主義隨著不同的人而有不同的意義。

初步的觀察

或許，對「後現代主義」一詞最精確的掌握方式之一是正視其對現代主義的反動。現代主義的精神是熱切地透過理性而理解世界。早期現代主義學者們假定了世界是理性的寓所，其間所謂的真實面，不僅可以完全被人類心智所掌握；而且，存在著一固定的真實體系，人類思想可以竭其所能的加以掌握。

遠溯自 18 世紀，牛頓（Isaac Newton）盡情地運用理性的思考方式去理解所處的世界。這種方式促成了科學的興起，科學的成果使現代主義學者相信是反映了事實的真相。19 世紀，孔德（August Comte）與斯賓塞（Herbert Spencer）更把科學的方法拓展到人文社會領域，促成了社會科學的發展。

現代主義者認為自然及社會科學的成果提供人類確切的真理，真理超越了懷疑，人類對事物的理解正反映了事物的本然面，這種動機就如同科學方法本身，是客觀的、中性的。現代主義對不同事物面向的思考形成了各式理論（後設敘述，metanarratives），說明了世界與生命的意義。

現代主義者也認為知識在本質上是良善的。真理的發現可以使吾人控制其世界，征服人類的限制，更能去除在人類史上肆虐人類的各種毀滅亂源（如疾病）。當然，這種逐步進步觀，是現代主義學者看待事物的重要方式。

然而，現代主義並沒有實現其最初想法。舉例而言，科學和技術

破壞了環境，產生了極權主義，帶著潛在核子威脅的世界戰爭也是建立在技術知識之上。誠如一位學者所說：「理性與科學並沒有使人類躋於……烏托邦。」[1]

對現代主義的反思不勝枚舉，一種是存在主義式的絕望，另一種代表立場就是我們現在所探討的後現代主義。我們將會簡要的對後現代主義作一巡禮，其立場主要是來自於對現代主義看待事物方式的反動。

我們首先要承認，後現代主義並沒有一個統一的世界觀。不同的理論有不同的內容，有時彼此會有衝突。雖然有這些差異，後現代論者共同的立場是對現代主義的反動，我們也會觸及在「後現代主義多樣化」旗幟下相關的一些理念。

在對後現代主義的本質作進一步的討論之前，我們仍必須提及，學者們對後現代主義的重點並沒有共識。部分學者認為後現代主義代表人類歷史進程中的一個新階段；部分學者則認為後現代主義是現代主義基本概念的延伸；更有些學者認為後現代主義只是某種過渡階段，處於質疑傳統立場，新的年代尚未到達。本章即對後現代主義的「未確定性」（uncertainty）加以省察，這種立場是把此刻的後現代主義視為一種激情（impulse or mood），而不是一種體系完備的哲學。激情是否會成永恆，只有待時間來證明。時序邁入 21 世紀，後現代主義也提出許多形成教育論述核心的重大議題。

哲學基礎

後現代主義最初並不來自哲學家，而是來自藝術、文學、建築領域者的興趣。當然，這並不是說哲學家對後現代主義沒有重要的貢獻，在哲學史上，休謨（David Hume, 1711-1776）曾質疑因果律，也曾質疑人類是否有能力認識外在世界。康德（Immanuel Kant, 1724-1804）致力

於解答休謨的問題，康德的結論是人類心靈本身無法認識外在事物，要靠心靈中本有的先驗範疇去詮釋外在的經驗。*

休謨與康德已爲後現代主義的心靈架構立下基礎。尼采（Friedrich Nietzsche, 1844-1900）則發皇了後現代主義的觀念。根據尼采的看法，根本沒有任何基石可供信念棲息。眞理已死，人們沒有任何選擇，唯有靠他們自己創造世界。知識是一種人爲的建構，建立在人們主觀的語言使用之

> ✛根據尼采的看法，根本沒有任何基石可供信念棲息。眞理已死，人們沒有任何選擇，唯有靠他們自己創造世界。知識是一種人爲的建構，建立在人們主觀的語言使用之上。

上。尼采成爲後現代主義的先驅——在他的觀念成爲「主流」思想之前整整一個世紀。

除了康德、尼采等哲學家的理念外，下列三種哲學立場也都特別影響了後現代主義。第一是實用主義。實用主義認爲知識是暫時性

---

* 對初學者而言，可能不易掌握整套西洋哲學脈絡。休謨是英國18世紀經驗主義的大師，在知識論上，他認爲科學的「因果律」並不存在，人們之所以覺得A是B之因，純粹只是心理上的主觀期待。在倫理學上，休謨認爲「實然不能推論應然」，他認爲所有倫理學的命題，不管如何論證，到最後一定得跨過邏輯的鴻溝。例如：爲什麼不可以殺人？可能的推論是「殺人會使當事人痛苦」、「殺人會使受難者家屬對你報仇」，所以「你不應該殺人」，這種推論是從事實直接推論到價值。休謨在知識論及倫理學上，都大膽的提出懷疑，對傳統追求確切眞理的哲學而言，不啻是一大挑戰，德國觀念論者康德乃自稱是休謨讓他從「獨斷之夢」（dogmatic slumber）中驚醒，康德即致力於探討人類所能掌握確切眞理的極限，以及倫理道德規範的基礎。康德在他自己的哲學體系中，重新捍衛了傳統哲學知識論、倫理學的確定性。雖然自啓蒙運動以後，自由民主理念肯定多元性，並不獨尊定於一的價值，不過，啓蒙運動以降，各種自由思潮都承襲康德之理念，重視人類之「理性」發展。後現代主義，即試圖顛覆理性本身，認爲從理性出發，所建構的各種秩序，也只是反映了某種階層的思維而已。由於後現代主義這種對主流論述的質疑，與18世紀休謨對傳統哲學的質疑，有異曲同工之效，所以文中作者在介紹後現代思想時，特別舉出休謨的例子。

的，也反對訴諸形上學，面對人類問題時持社會行動立場。而關注社會議題（非僅是個人），也都可在後現代主義中覓得蹤跡，例如，新實用主義者羅逖（Richard Rorty）就被視爲是後現代主義的一員。

後現代主義的第二個哲學基礎是存在主義。沙特（Jean-paul Sartre）的「我的模樣取決於我的選擇」的立場，不僅強化了後現代主義的知識價值相對立場，也使人們更易於採取知識的建構立場。而知識的建構立場，下文會述及，是後現代主義知識論與課程設計的基礎。

第三種可從後現代主義覓得基礎的哲學立場是馬克思思想。馬克思的階級鬥爭與對經濟的關注影響後現代主義的理論與實務，雖然後現代反對馬克思的歷史觀（後設敘述）。後現代主義關注的階級鬥爭與經濟問題，在下文對傅柯（Michel Foucault）的介紹及第 6 章的批判教育學中，將會清楚的呈現。

在結束後現代主義所立基的哲學立場前，我們要強調後現代主義反對行爲主義的科學客觀性及技術取向的人類工程（請參照第 6 章）；後現代主義也反對分析哲學的實證化與客觀化（參考第 7 章）。不過，分析哲學對於語言的感受性以及語言、意義間的內在關聯，後現代主義倒是抱持積極的態度。

後現代主義的多樣性

想要掌握後現代主義的最佳方法之一是審視幾位代表性後現代學者的觀念。本單元即要針對最有貢獻於後現代理論的幾位大師，諸如羅逖、德希達（Jacques Derrida）、李歐塔（Jean-François Lyotard）及傅柯，加以探討。

我們已在第 4 章引介了羅逖的新實用主義。羅逖藉著其核心隱喻——心靈作爲實體之鏡，批評當代哲學知識論的基礎。羅逖，誠如我們前面

曾論及，反對眞理的符應論。對羅逖而言，語言與思想是處理經驗的工具，卻無法提供實體眞實的圖像。對羅逖而言，我們面對的是知識的主觀性。人們盡可以有意見，但絕非眞理。因此，雖然人們無法完全將其意見客觀化，仍必須持續地保持哲學的對話。[2]

羅逖所發現的主觀性，在德希達的作品中也有觸及，德希達認爲西方社會長時間來一直犯了「羅各斯中心主義」（logocentrism）的毛病。在此概念下，哲學的主要工作是要去了解所謂羅各斯（logos），或是對世界理性原則的控制。不幸的是，哲學家根本無法達成此項企圖，因爲他們無法觸及實體本身，哲學家只能掌握他們所認爲能夠代表實體的語言。所以，哲學家所擁有的只不過是他們撰寫的成果或文本（texts），並不是絕對客觀實體的理解。

某種文本呈現，作者和讀者都各自運用其獨特的經驗賦予文本個人的強調與意義。讀者閱讀某個文本的心得並不是一客觀的詮釋，也不見得是作者的旨意，而是建立在讀者不自覺預設的基礎上的個人詮釋。

明乎此，德希達建議我們要對文本進行「解構」（deconstruct），諸如從文本字詞的用法中揭露其預設、雙關語的隱藏意義等。而當運用此方法去揭露哲學文本時，人們將會發現西方哲學充斥著獨斷、壓制、排他，或者是邊緣化異己觀點等。

德希達認爲我們不應只被主流的觀點所左右，而應鼓勵差異性。這鼓舞了一些少數團體、女性主義者與解構論者相互結盟，致力於平權的抗爭。[3]

後現代主義第三個重點出現在傅柯的著作中，傅柯探討了語言中權力的運作。他認爲幾世紀以來，西方人誤認爲存在一客觀的知識待發現，知識是價值中立，知識並非只對特定階級而是全人類均能蒙受其益。

傅柯拒絕前述的說法。他認爲知識是一種社會建構，是某些人爲了合法化其權力而設計，此一知識權力用來控制及使其他的人或民族

臣服。在《知識的考掘》（*The Archeology of Knowledge*）[4] 一書中，傅柯提出了諸如「瘋癲」（madness）只是人們話語（speech）的一部分，而非人類生活中的確切事實。事實上，這些語彙只是人們自己所建構，而非實體真實的反映。[*]

對邊陲團體而言，發展與主流對抗的論述型態，才能從支配階級中解放出來。各種邊陲團體（如少數族群、女性主義者、同志團體）非常熱切的引用傅柯「知識即社會建構的權力形式」的立場，企圖改變既定的社會秩序。

我們要檢視後現代主義的最後一個代表人物是李歐塔。他說：「我所界定的後現代是一種對後設敘述的不信任（懷疑）。」[5]「後設敘述」也者，在李歐塔看來，是傳統哲學或歷史對實體的理解方式，是合法化現存的秩序，提供其正確的理由。李歐塔聲稱，這些後設敘述無關乎實體，是用來鞏固既定社會關係的神話。宗教哲學更是站在後設敘述的首要位置，並據此排除所謂世俗的後設敘述。後設敘述當然也是建立在語言的使用之上，且被用在控制人們。

我們前面所探討的哲學家們，在許多觀點方面並不一致。不過，誠如蘭德（Gary Land）所歸納的：

> 這些人物藉著揭示下列三個重大貢獻為後現代的哲學基礎奠基。後現代主義的三項哲學基礎：
>
> 第一，人類無法觸及實體，因此，沒有方法可以通曉真理。第二，實體是無法觸及的，因為在我們思考實體前，我們的思想已先被各種人為的語言概念牢籠所操控，而且我們

---

[*] 傅柯認為稱某人「瘋癲」，其實是用某種自認為健康的心理標準去否定另一群人，這代表著主流價值對少部分人的否定。傅科藉著對精神疾病瘋癲的探討，指出了所謂「知識」或「真理」，只是反映了主流勢力的權力運作。

對所想的也無法表達。第三，我們是經由語言創造了實體，實體的本質也就被那些有權力形塑語言的人所決定。[6]

以上的純哲學討論或許流於艱深，遠離了實務。不過，後現代的論述很快的就成為教育討論的話題。因為，後現代主義所處理的基本議題，諸如實體、知識、社會控制等，也正是學校教學或教育的重點，接著就讓我們來探討後現代主義對教育的啓示。

✦ 後現代主義的三項哲學基礎：

1. 人類無法觸及實體，因此，沒有方法可以通曉真理。

2. 實體是無法觸及的，因為在我們思考實體前，我們的思想已先被各種人為的語言概念牢籠所操控，而且我們對所想的也無法表達。

3. 我們是經由語言創造了實體，實體的本質也就被那些有權力形塑語言的人所決定。

後現代主義和教育

若說後現代主義哲學本身尚未定型，仍處於一變化的狀態，則後現代的教育意義更無著落。許多此一領域的著述都著重在教育的社會層面，如第 6 章所要討論的批判教育學、多元文化教育及女性主義等。本章的討論將以後現代主義對教育的一般啓示為主。

後現代教育哲學不外乎下列概念：

· 無法定奪客觀眞理。
· 語言並不聯繫實體。
· 語言和意義來自於社會的建構。
· 後設敍述是支配階級為合法化其地位與優勢而建構的把戲。
· 知識即權力。
· 傳統學校的角色正是藉由對知識的操縱，而遂行社會控制。

　　另一項後現代教育哲學的重要啟示是呼籲吾人重視各種不同觀點的多樣性。我們必須去傾聽每個人的故事（特別是被壓迫者不為人知的故事）。唯有壓迫者能傾聽被壓迫者的聲音及重視民主溝通的需求，才能有助於改變。

　　誠如前述，學校的社會功能引起了後現代教育學者的普遍關注。對後現代學者而言，教育最糟糕的地方就在於只傳授過往所儲存的知識。學校不應像傳統哲學所主張的，保存和傳遞過去的知識，應該如實用主義一般，以促成社會變遷自居。

　　後現代主義的課程設計目的是藉著知識重構，以作為整個文化和權力關係重建的基礎。[7] 後現代主義的課程理論迥異於現代主義那種嚴格、快速的學科範疇。多爾（William E. Doll）在其後現代課程著作中，一開始就反對 19 世紀斯賓塞（Herbert Spencer）所揭示科學應該形成課程基礎的主張。[8]

　　根據多爾的看法，「對科學的崇拜」（adoration of science）與奉為神旨，已成過去式了。科學的下場就如同古典文學教育。課程以及整套教育正經歷一個「大典範的轉移」（megaparadigm shift），雖然多爾也承認「後現代觀點對課程的啟示是巨大，但尚不清晰。」[9]

> ✦後現代觀點對課程的啟示是巨大，但尚不清晰。

　　不過，後現代教育學者似乎也達成了共識，即未來的教育再也不能依賴過去的課程與方法。現代主義年代的學校課程觀全賴專家的組裝。秦闊羅（Joe L. Kincheloe）認為在後現代的教育下，學生和老師們都必須「學習去生產他們自己的知識。」[10]

　　師生創造知識的想法令我們想到了建構主義（constructivism），這是後現代主義與教育重要的輻輳之一。齊合立克（John Zahorik）指出建構主義的教學建立在三項預設之上。首先，「知識是人類所建構。」知識並不是獨立於認知者之外等待被發現的系列事實、概念與律則。

相反地，是人創造了知識，人類所知的一切都是由他們自己所創造。知識代表一種外在的實體，任何可能的符應都不可知。「所有人類所知的一切是其建構與其他人已有的建構相容。」[11]

　　第二，「知識是臆測的、可誤的。」人類的生活是不斷變遷的，人類所建構的知識也不是固定的。所以，雖有傑出的人士，但人類的理解在本質上具有試驗性、不完備、不完美的特性。[12]

　　第三，「知識的成長在於揭露。」揭露的對象可以是人、事件及事物。在揭露的過程中所內含的經驗，都顯現在語言，可透過社會的共享。社會的共享則有助於不同理解的共謀（Pooling），這種共謀使得人們得以發展共通的社會建構。[13]

　　齊合立克的建構主義教學的第三項預設，引起了兩項後現代課程理論學者所關心的議題，雖然齊合立克自己並未討論。第一是強調語言中建構與解構的重要。後現代教育受到後現代哲學對語言的關注，應該幫助學生去注意並自我意識到他自己所使用語言的概念、預設，以及其他人「文本」中潛在意義的相互關聯。

　　第二項齊合立克所引出而爲後現代課程學者所重視的是「揭露」（exposure）的概念。後現代學者強調從多元文化預設的揭露中可以超脫主流文化的觀念與價值，直入少數或被宰制的文化中。用李歐塔的思考架構來看，不僅只引導學生去揭露宰制的後設敘述，還必須引導他們去關注那些權力邊陲者個別的敘述。

　　後現代學者所體現的教育中的揭露，不是個人的事務，而是社群的事務。包華士（C. A. Bowers）即以擁護「社群的重建」（restoration of community）作爲教育的目的。[14] 然而，此一社群同時包含那些時興的主流團體與邊陲團體。事實上，創造這樣一個社群是許多後現代教育哲思的核心。

　　後現代學者著重課程的歷程（process），而非內容（content）。多爾曾如此寫到：[15]

　　　課程不再被視為是一種被設定的、先驗的「跑道」
（course to be run），而是個人得以轉換的通道。此一課程主
體的改變強調的是跑步的過程以及各式各樣跑步者的多種模
式，而不是強調跑道本身。當然，跑步者和跑道並無法二元
分開。不過，課程組織和轉換是成形於課程活動本身，而非
預先設定於活動之前。

　　史雷特利（Patrick Slattery）用「萬花筒」（kaleidoscope）來形容
後現代課程，他說：「萬花筒創造出不斷變遷的影像，卻保有自己內在
的對稱。」而望遠鏡（在此意指傳統或現代哲學）對焦後，所看到的是
一個固定不變的範圍。史雷特利認為課程設計應該像萬花筒一樣，不
斷的變化，隨時提供新視野，且保持相互關聯。「後現代主義鼓舞了
多樣性以及在每一個獨特脈絡中的複雜理解。」[16]

　　多爾能夠體會後現代的課程觀將會被現代主義者視為怪異且荒
誕不經。不過，他從後現代式的思考邏輯提醒讀者注意現代主義式的
思考典範，「是過去三、四百年來西方啟蒙運動心智下的特定歷史產
物。」多爾告訴讀者，如果從嶄新的後現代心智角度來看，後現代的課
程將極其正常與自然。[17]

> ✦ 後現代教育學者把老師視為是社
> 會的行動者，藉著幫助學生為個
> 人及社會的未來負責，而改變現
> 狀。

　　一般而言，後現代教育學者把老
師視為是社會的行動者，藉著幫助學
生為個人及社會的未來負責，而改變
現狀。季胡（Henry A. Giroux）指出，
在種族、階級、性別的民主化鬥爭
中，教師們必須超越對既存社會秩序
的批判，邁向社會轉化，並揭示新希望。他說：[18]

　　教育工作者必須與其他公共抗爭者合作，創造新術語，

提供學校內外的空間，為社會運動的整合到來提供新契機。
藉著如此的作為，我們將能從各式價值、實踐、社會關係及
主體位置間的抗爭中，重新思考及體會民主，這將能擴大人
類能力及發展的版圖，為未來更體恤的社會秩序奠基。

　　在後現代的架構下，老師不能只侷限在行為主義模式下的技術者
——回應學生的正確答案，等著學者專家們提供新知。相反地，後現代
的教師必須在每天變動不居的教室經驗中創造新知。所以，師資培育的
重點是培養老師成為一個「思考者」，而非「技術人員」。[19]

結論

　　後現代主義正如其他曾探討過的學派一樣，有其支持者，也有其
反對者。一些學者贊同後現代主義對那些無條件頌揚現代西方文化人類
理性及科學方法人士的批評；一些學者則認為後現代主義著重社會倫理
學，使個人和團體能為社會整體負責。他們分享了一些後現代主義者的
信念，即現代主義所培育出的個人主義式心態，常導致富者愈富，貧者
無立錐之地的窘境，貧者不僅被忽略，且淪為支配者所左右。第三個後
現代主義的貢獻是讓許多人正視到語言所涉及的權力。

　　在教育的領域裡，有些學者認為後現代主義有助於道德教育的重
視，因為可以使教師更清楚教育的政治（權力）層面，也能鼓舞教師幫
助學生負起社會責任。

　　部分學者則對後現代主義的哲學及教育立場持負面的態度。有些學
者指出後現代主義反對後設敘述，這種立場本身就是後設敘述，是一種
特定的哲學看待事物的方式。再者，有些學者認為，雖然後現代主義反
對各種絕對的主張，但是後現代特別關注壓迫與支配的議題，就透露出

其本身的道德絕對性。事實上，諸如，「民主」、「寬容」、「正義」等術語不斷成為後現代學者價值判斷的核心。後現代學者的著作流露出的不只是對這些價值的偏好，根本就是將之視之為判斷的規準。

第三項批評是後現代主義對於知識的社會建構性主張過於極端。柏克來加州大學的瑟爾（John R. Searle）曾經指出，在我們日常生活中，「的確有一些事情有賴個人的看法」，如個人的金錢觀。然而，「也有一些事實不是你我的喜好、評價，或道德態度能夠取決。」如他的姊姊在 12 月 14 日結婚。瑟爾認為「實在論及知識的符應說是任何健全哲學的重要預設，更不用說科學了。」[20] 牛津的馬格葛瑞斯（Alister McGrath）用不同的話指出，後現代主義並沒有為科學立下基礎，更不用說較科學更為曖昧的美學、善惡等領域。他說：「人類最根本的聲稱，真善美是被發現的，不是被發明的。」再者「自然科學並不把自身視為是人類心靈自由建構的再現，只不過希冀能一致且可靠地符應外在世界的真相。」[21]

本書 3 至 5 章，我們已探討了各種哲學立場對教育的影響。下一章我們要更進一步的檢視這些哲學對教育的進一步延伸。

⊘ 討論問題

一、雖然無法對後現代主義作精確的界定，仍請你列出後現代主義思潮的主要特點。

二、從前文所列出的後現代主義的特點，引出對教育的方向。

三、討論建構主義及其對社會的啟示。

四、後現代主義對傳統教育而言是利或弊？請各自說出你所持的理由。

⏀ 註釋

1. Gary Land, "The Challenge of Postmodernism," *Dialogue* 8 (1996): 1: 5.

2. See Rorty, *Philosophy and the Mirror of Nature*.

3. Jacques Derrida's seminal work is *Of Grammatology* (Baltimore: The Johns Hopkins University Press, 1976).

4. Michel Foucault, *The Archeology of Knowledge and the Discourse of Language* (New York: Pantheon Books, 1972).

5. Jean-François Lyotard, *The Postmodern Condition: A Report on Knowledge* (Minncapolis: University of Minnesota Press, 1984), p.xxiv.

6. Land, "The Challenge of Postmodernism," p.6.

7. Joe L. Kincheloe, *Toward a Critical Politics of Teacher Thinking: Mapping the Postmodern* (Westport, CT: Bergin & Garvey, 1993), p.35.

8. William E. Doll, Jr., *A Post-Modern Perspective on Curriculum* (New York: Teachers College Press, Columbia University, 1993), p.2.

9. Ibid., pp.2, 3.

10. Kincheloe, *Toward a Critical Politics of Teacher Thinking*, p.34.

11. John A. Zahorik, *Constructivist Teaching* (Bloomington, IN: Phi Delta Kappa Educational Foundation, 1995), p.11.

12. Ibid., p.12.

13. Ibid.

14. Bowers, *Elements of a Post-Liberal Theory of Education*, p.137.

15. Doll, *A Post-Modern Perspective on Curriculum*, p.4.

16. Patrick Slattery, *Curriculum Development in the Postmodern Era* (New York: Garland Publishing, 1995), p.234.

17. Doll, *A Post-Modern Perspective on Curriculum*, p.4.

18. Henry A. Giroux, *Pedagogy and the Politics of Hope: Theory, Culture, and Schooling* (Boulder, CO: Westview Press, 1997), p.227.

19. Kincheloe, *Toward a Critical Politics of Teacher Thinking*, pp.217, 34.

20. John R. Searle, *The Construction of Social Reality* (New York: The Free Press, 1995), pp.1, xiii.

21. Alister E. McGrath, *The Science of God: An Introduction to Scientific Theology* (Grand Rapids, MI: William B. Eerdmans Publishing Co., 2004), pp.120, 108.

Chapter **6**
當代教育理論

　　前三章主要討論六種哲學立場與其對教育的啓示。我們特別重視哲學家們如何談論教育。在本章中，我們將探討教育學者依照其哲學信念，在教育領域中所提出的看法。也就是我們將焦點集中在以教育問題爲起點，然後從哲學中尋求答案的那些理論。

　　在本章中所涉及的教育理論家通常不是依照純粹的哲學關懷（譬如形上學、知識論和價值論）來建構自己的學說，這並不是說他們的教育規劃不受哲學的規範。相反地，他們的規劃全都有著哲學的假設，只是這些假設總是沒有明白顯示出來。本章將依照這些教育理論家的精神，將焦點聚集在教育原則上，而非哲學範疇上。圖 6-1 闡述了當代教育理論與它們的哲學根源兩者的關係。*

　　這些理論在 20 世紀初已然成形，許多理念的要旨在更早之前也以非正式的方式出現。但這些理論能詳細而精密的建構，則是在 20 世紀初各種教育觀念有意識地相互衝突時才得以開始。

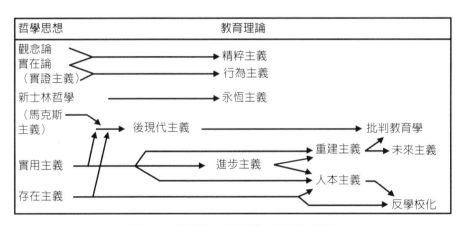

圖 6-1　教育理論及其哲學來源的關係

---

* 　本圖請讀者不必太拘泥。例如，永恆主義應該也受到觀念論與實在論的影響。

進步主義

背景

　　進步主義的教育是美國在 19 世紀晚期和 20 世紀初期一項重大社會—政治改革運動中的一部分，這個運動是由於美國尋求適應劇烈的都市化和工業化而產生的，並因而塑造了當時美國生活的特徵。在政治舞臺上，進步主義很明顯地是伴隨著弗利特（Robert La Follette）和威爾遜（Woodrow Wilson）這兩位領導人物而發展，他們希冀遏抑專管和獨占的勢力而促進政治的民主制度能夠真正地運作。在社會上，進步主義的一個支派領導人物亞當斯（Jane Addams）則從事於移民之家（settlement-house）的運動，以求改進芝加哥和其他都會區的社會福利。進步主義的改革和所欲改革的事項非常多，因此教育上的進步主義必須放在這個廣闊的脈絡中來看待才是。

　　進步主義作為一種教育理論，是出自對傳統教育的反動，[1] 傳統教育強調形式訓練的教學法、心智學習和浸淫於西方文明的古代經典。進步主義教育最根本的學術基礎是杜威、佛洛依德（Sigmund Freud）和盧梭（Jean-Jacques Rousseau）。杜威作為一個實用主義學派的哲學家，卻寫了許多有關於教育的哲學論著，他並企圖將自己的觀念在芝加哥大學的實驗學校中加以證實，杜威的貢獻也在於此。所以實用主義對進步主義實居於核心性的影響。第二個影響則來自於佛洛依德的心理分析理論。佛洛依德學派的理論支持了許多進步主義者去爭取孩童們更多自我表達的自由與更開放的學習環境，在這種環境中兒童可以以創造性的方式來釋放其本能衝動的能量。第三種影響是盧梭的《愛彌兒》（Emile, 1762），由於進步主義者反對成人在為兒童選擇學習目標或課程時所作的干擾，所以這本書給他們相當深刻的印象。必須注意的是，那些過度以兒童為中心的進步主義，是與盧梭和佛洛依德的思想較為接近一

致，而離杜威較遠。儘管如此，杜威仍受到許多進步主義批評者的譴責。

這些基本的觀念影響由一群引人注目的教育人員發展成進步主義的教育理論，他們也同樣試圖將他們的理論應用到學校實務中。華胥朋（Carleton Washburne）、克伯屈（William H. Kilpatrick）、洛格（Harold Rugg）、康茲（George S. Counts）、柏德（Boyd H. Bode）和蔡爾滋（John L. Childs）都有功於發展不同特色的進步主義思想。藉著他們的影響和力量，進步主義教育在 1920 年代到 1950 年代的美國教育中成為主導的教育理論。

1950 年代中期，當進步主義教育喪失了有機的生命力之後，整個美國教育的面貌便因而改觀了。或許進步主義教育的組織生命力之所以死去，部分原因是由於它的許多理想和計畫在某種程度內已經由公立學校的組織所採用施行，因而進步主義者失去了所能「叫囂」（holler）的憑藉。從這一點來看，整個情況恰正是：進步主義的成功導致了自己本身的滅亡。從另一個方面來說，我們可以同時看出，就進步主義理論最完全的意義上來說，它從未被一般大眾學校系統所完全奉行，那些被採行的，只是進步主義的零星斷章而已，同時還混用了其他的教育方法以為折衷。

進步主義者所形成的團體在所有的理論內容上並不是全都一致的，然而他們對某些教育實踐卻有著統一的立場。歐恩斯坦（Allan Omstein）指出，進步主義者通常宣告下列幾點是他們所一致譴責的：

1. 權威性的教師。
2. 極端信賴教科書或古板乏味的教學方法。
3. 對知識和事實資料加以死記的那種被動學習。
4. 在教育的四周築建了重重阻隔，企圖將教育孤立於現實社會之外。
5. 使用威嚇或肉體懲罰作為訓練的方式。[2]

　　進步主義在教育上最主要的組織力量是進步主義教育協會（the Progressive Education Association, 1919-1955）。從進步主義的歷史和其影響來看，進步主義既是一種有組織的運動，又是一種理論。依著這兩個層面，進步主義提倡了底下將論述的核心原則。而許多進步主義的觀念在 1960 年代末和 1970 年代初在教育人本主義（educational humanism）中再度尋得了重生的生命力。

　　此外，20 世紀的最後 10 年，經由新實用主義，也見證了進步主義教育理念的復甦。對民主的渴望而言，這的確是真的「幫助每個人的小孩參與創造文化」。[3]

進步主義的教育原理

教育的歷程從兒童中尋得其起源與目的

　　這個立場直接與傳統的教育立場相反，傳統的學校總是預先準備好經過組織的教學內容，並強迫學生接受這些學習材料，不管他們是否願意。進步主義者則倒轉這種模式而將兒童置於學校教育的主位上，從學生們的需求、興趣和其出發點來發展一套課程與教學方法。

> ✦ 傳統的學校總是預先準備好經過組織的教學內容，並強迫學生接受這些學習材料，不管他們是否願意。進步主義者則倒轉這種模式而將兒童置於學校教育的主位上，從學生們的需求、興趣和其出發點來發展一套課程與教學方法。

　　依照進步主義的理論，兒童天生便渴望學習和探求他們周遭世界中的事物，他們不僅具有這種與生俱來的渴望，同時在他們的生活中也有一些特定的需求要去實現，這些渴望和需求給予兒童特別的興趣去學習那些能幫助他們解決問題和實現渴望的事物。

　　因此，兒童的興趣可說是學習經驗的天然基礎點，但這並非意味著兒童的興趣是決定他們應該學些什麼的唯一因素，畢竟兒童仍然尚

未成熟而沒有能力去訂定有意義的目標。從另一方面說，強調兒童興趣的這一信條的確明白宣示了兒童自然地會抗拒那些別人所強硬施加到他們身上的事物。因而從上述兩點可以歸結為，兒童的興趣可以操縱在教師手上，教師可以設置學習的情境，藉著情境中的刺激而自然地導引出可欲的學習成果。教師利用兒童的自然興趣而幫助兒童去學習那些有助於解決其當前需求和渴望的技能，同時建立其社會化生活所需要的資料認知儲存庫。

　　基於進步主義的這種觀點，以兒童為起點使得教育的推行大為順利與自然，它借助了兒童真正興趣所產生的誘導力量而幫助學生與教師能工作在一起，而不是使師生之間彼此反目成仇而陷於敵對的關係中。這便使得教育開啓了另一條路徑，它令教室中更富於人性，並容許教師能正視兒童們的複雜性——就如同一般的個體都有的需求、渴望、感覺和態度——去親近他們。

學生是主動而不是被動的

　　兒童並不是被動的存有（passive beings），他們並非等著教師將知識素材塞滿他們的心靈。學生是屬於充滿活力的存有（dynamic be-ings），假如學生沒有屈服在那些強將自己的意志和目標施加在他們身上的成人和權威者的話，學生會很自然的想要學習，也會去學習。杜威提到：「兒童總是蓄勢待發地隨時準備好要熱切地活動，所以，所謂教育的問題就是掌握兒童種種活動、給予兒童導引方向的問題。」[4]

教師的角色毋寧是顧問、嚮導和旅遊同伴，而非權威者和教育領導人

　　這個立場與實用主義和進步主義兩者對兒童教育的核心立場有著緊密的聯繫。教師不能像傳統那樣是個授予必備知識的權威，由於人類經驗的一個主要特色就是變化不定，所以沒人能夠曉得未來是什麼樣子，也沒人能預知未來所需要的必備知識是什麼，所以上述的主張有其正確性，不應該有那些預先設定的所謂必備知識，並將這些知識作權威

性的教授。

　　但在另一方面，教師比學生擁有更廣博的知識和更豐富的經驗，這使得教師在其所經歷過的領域內適合擔任嚮導；在學生遭遇僵局的情境中成了顧問；在不斷變遷、永遠進展的新環境中成了旅遊同伴。每一位教師都是單一獨特的個體，他們與學生一起學習，藉此來規範學生的能量（energies），並在學生充滿學習企圖心的情形下指導其興趣。所以教師的角色可以視為是幫助學生如何自我學習，使他們在瞬息萬變的環境中能發展成圓滿自足（self-sufficient）的成人。

學校是大社會中的小宇宙

　　學校不應該孤懸於社會之外，教育也不是在這個孤立社會中自己單獨運作的系統。教育與學習不斷地發生於個人的生活中，例如一位男孩看著父親換輪胎，也許他感覺需要，也許出自好奇，也許由於興趣，他便從這個經驗中學到了如何換輪胎。這是個學習經驗，而發生在學校內的學習經驗也和發生在廣大生活世界的學習經驗一樣，有著相同的模式。發生在日常世界的學習經驗和教育經驗是無法人為地限制在什麼時間、什麼地點和什麼內容的，所以學校所提供的教育是不應該人為地將語文從社會科中隔離出來，或是在預定的時間鐘響下課而不自然地打斷了學習經驗。在廣大的日常世界中，社會科、語文和數學的主要內容都是融入日常的使用之中，每個個體在完成它或因自然情境而中斷它之前，都是處於自然的學習狀態中。

　　學校內的教育應該參考一下人們在周遭的大世界中是如何的受教和學習，因為有意義的教育其實就是生活本身，不應該將孤立的自然硬塞入學校的層層牆垣內。這個觀點與傳統主義的觀點相悖離，傳統主義視教育為生活的準備階段，在這段教育的時間中，兒童的心靈填鴨式地塞滿了日後真正生活所需的資料。

教室內的活動應集中在問題的解決，而不是探人為式的學科教學

　　這個立場是根源於實用主義對經驗的強調和對問題解決的知識論看

法。進步主義者宣稱知識並非來自對抽象資料的接收，並由教師傳授學童。他們主張知識是處理經驗的一種工具。

　　進步主義的結論並不是要反對傳統的科目內容，而是反對那種企圖將科目內容灌輸給年輕一代的傳統方式。進步主義者將他們的課程和教學方向建立在對學生有意義的問題上，為貫徹這一點，他們也發展出了有名的「設計教學法」。

　　我們試舉一個設計教學法的實例：在一個四年級的班級中，學生想要研究印第安人，所以決定興建一座印第安村落。在興建這座村落的過程中，他們遭遇了許多問題，譬如他們必須決定要研究哪一種族的印第安人，這個問題引領著他們進入閱讀資料的領域，然後進入到地理和人類學的範圍，最後他們發現不同的部族在許多方面都與這些部族的生活環境有密切的關係。假如他們決定蓋個原住民用的圓錐形帳蓬（te-pee），他們就必須有鞣製皮革的技藝經驗、房舍構圖的幾何學經驗、測量的數學經驗、決定哪種木材作為支柱的生物學經驗，以及完成帳蓬後撰寫報告的寫作經驗。

　　從這個簡短（而不完整）的事例中，很明顯地，興建哪個村落使得兒童們置身於一連串的問題當中，但這些問題是他們有興趣去解決的，因為一開始決定要研究印第安人的正是這些孩子們。在解決這些問題的過程中，將使得一個熟練的教師可以用幾乎不會令學生感到痛苦的方式，帶領著學生對大部分的傳統課程作一番巡禮。藉著問題解決的歷程，學生們不僅學到了事實上的知識，更重要的是他們也學會了如何去應用和思考他們經驗世界中的想法和觀念。一個設計教學短的可以三天，長的可以一年，端視計畫的性質、學生的耐力和教師的技巧而定。

學校的群體氣氛（social atmosphere）應該是合作而民主

　　這個觀點是進步主義「學校是大社會中的小宇宙」和「教育是生活本身而非為生活作準備」這些信念的自然發展。進步主義者聲稱，當前的學校都是不自然的競爭場所。在一般的工作環境中，一個人如果遇到

了問題，他們通常被允許尋求工作夥伴的幫助，然而在學校中，兒童如果亂動、講話或甚至想彼此幫忙去解決問題，都會受到處罰。這些傳統教育的要求是由於不正當地強調競爭所致，而競爭既有礙社會的健全發展，也毫無教育的效果。競爭如果能為社會提供好處倒也無可厚非，但是群體和學習的進步更常來自於相互的合作。

對於學校和教室民主型態的指導與掌握，也是進步主義者所倡導的，他們是政治民主的熱情擁護者，並主張學生如果在獨裁的教育機構下接受教養，那他們對成人階段的民主會一點準備也沒有。所以學校應該促使學生能自治，對各種觀點都能自由討論，並且讓學生和教師們共同參與各項教育和學習規劃。

教育人本主義 *

背景

進步主義的組織力和活動力到了 1950 年代中期便趨於消寂，但是進步主義的觀念卻透過各式各樣的運動而留存下來，特別是在教育人本主義之中。人本主義者襲用了大部分的進步主義原則，包括以兒童為核心、教師的非權威角色、專注於學童的主動和參與、合作與民主的教育面向等。

然而進步主義並不是教育人本主義的唯一來源，存在主義也是這股

---

* 人文主義（humanism）是一籠統的概念，從歷史的發展來看，人文主義與傳統教育類似，重點在人的理性、文學藝術等精神層面的開拓。啟蒙運動以後，人文主義逐漸與科學主義、專業主義對壘，20世紀，大學通識教育的理想，也大多以人文主義作基礎。前幾版中，譯者均譯為「教育人文主義」，本節的重點，不完全是傳統人文主義，鑒於國內人本教育基金會的教育訴求，已廣為人知，故改譯為人本主義。

人本運動的一項刺激因素。所以，教育人本主義反而比進步主義更加強調個別兒童的唯一獨特性，因為進步主義仍或多或少以社會整體的角度來看待兒童。教育人本主義中所流注的存在主義血統使得它強調在人類存在經驗中個人意義的探究。

人本主義教育中這種關注於個別兒童的觀念，同時也受到第三種影響所增強，那就是人本心理學或存在心理學。這一系絡的心理學家包括了諸如羅傑士（Carl Rogers）、馬斯洛（Abraham Maslow）和寇門（Arthur Combs），這些心理學家和他們的許多同事都對人本主義的教育給予了直接而又有意義的衝擊。他們專注於幫助學生能夠「人性化」或「自我實現」（self-actualized），也就是幫助個別同學去發現、成為和發展真實的自我和全部的潛能。

教育人本主義的第四個刺激是浪漫主義的批評家，這些作家崛起於1960 年代學校中那股壓抑、無心靈和非人性的喧亂風暴。他們辯稱：當前的學校已經變得理性淪亡、心理解體，因為學校已充塞著秩序和懲罰的觀念而不顧人性的健全與成長。這類教育作品的典型代表作是赫爾特（John Holt）的《兒童是怎麼失敗的》（How Children Fail, 1964）、柯爾（Herbert Kohl）的《三十六位兒童》（36 Children, 1967）、考舍（Jonathan Kozol）的《早年的夭折》（Death at an Early Age, 1967）和丹尼森（George Dennison）的《兒童的生活》（The Lives of Children, 1969）。這些浪漫主義作家的文學作品是那麼動人、辛辣和廣受歡迎，如此一來，便對閱讀過的大眾造成了極深刻的衝擊，並博得了一般民眾對人本教育試驗的同情。

人本主義的教育原理

在此對教育人本主義的論述並不準備對人本主義原則作鉅細靡遺的總概括，因為這必然會與前述對進步主義的探討有許多內容重複的現象。我們將特別強調其人本特性，並檢覈一些制度形式，透過這些制

度，人本主義者可以藉此表達他們的信念。

　　教育領域內的人本運動，其核心就是企圖建立良好的學習情境，使得兒童可以免於激烈的競爭、嚴酷的訓練和失敗的恐懼。人本主義者尋求從師生間常見的對立關係轉而創造出充滿信任和安全感的教育關係，他們相信這樣的氣氛可以使學生免除失敗和耗費精力的恐懼，使學生能將更多的精力發揮在個人的成長和創造力的發展上。赫爾特捕捉了人本主義對人性與教育的關係之看法，他寫道：

> 　　兒童生來就是伶俐、有活力、好奇、渴望學習，同時也善於學習；他們不需要賄賂和恫嚇才會學習；他們在快樂、主動、參與和對所做的有興趣時就會學得最好；在厭煩、威脅、羞辱和恐懼時就學得最差，甚至完全學不好。[5]

> ✦兒童在快樂、主動、參與和對所做的有興趣時就會學得最好；在厭煩、威脅、羞辱和恐懼時就學得最差，甚至完全學不好。

　　簡而言之，人本主義者尋求擺脫大部分學校的「智性監獄」（jail mentality），而企圖提供一個可以引導學生個人成長的學習環境，因此人本主義者認為教育的最基本目標自始至終都集中在自我的實現，而非成為知識的專家。影響所及，開放、想像力的應用、奇思異想的試驗都受到鼓勵，而標準化測驗、集體教學則受到非難。人本主義者提出，教師藉著與學生個人或小團體一起工作，可以很容易地達到目的。教育人本主義從其存在主義的根源來看，他們刻意要避免現代社會的種種庸俗導向。

學校制度的形式

　　人本主義教育者對個體的強調，在引用到學校教育時卻產生了許

多不同的差異。最具影響力的三種途徑則是開放的教室、自由的學府和沒有失敗的學校。這些辦學方式在 1960 年代末和 1970 年代初迅速地擴展，儼然與傳統教育途徑分庭抗禮。

　　開放的教室意圖打破傳統教室的僵化情形，以便提供嶄新的學校教育經驗。開放的教室裡面，桌子是分群而布置，空間也規劃成不同的學習區，這些學習區是由布幕、書架或其他東西所分隔。在這樣的教室中，有可供閱讀、數學和藝術的活動區域，每一區內都備有各種學習材料，學生們可以視需要而加以利用、操作或閱讀。開放的教室並沒有預先排定時間和內容的計畫表，而是為學生的共同合作和體能活動作了充分的準備。教師和助理的時間花費在陪伴個人和小團體通常比花在整個班級來得多。這種教室是想提供一個學習的團體，在其中教師和學生工作在一起。柯爾提到這種開放的教室說：

> 　　教師的角色並不是要控制學生，而是促使他們能選擇和追求那些他們有興趣的。在開放的教室中，學生是依著他自己的感覺而做事，而非順從別人對他的期望。教師不能為所有的學生設定相同的期望，反過來說，教師則必須學著去體會學生的個別差異，但這些差異是實際發生於學年中的教室情境內，而不是來自事先的預料。[6]

　　自由學府的運動大抵可以視為是對大眾教育的一種反動，這是因為大眾教育的看護性（custodial）（就如同對待嬰兒一樣）和灌輸（indoctrination）功能不足以提供人本教育的適當情境。[7]自由的學府是因應那些不滿意的父母和教師而發展起來的，他們希望自己的孩子能遠離權威的系統，因為這種系統強調組織井然的課程和對服從的要求。

　　自由學府設立在各種不同的地點，從貧民窟到軍隊的營房和倉庫。這些學校各不相同，每一所都有其存在的理由。這些學校收費低

廉，甚至於不收學費，常是靠「少數有心人的熱忱集資辦學」。這些學校大都很小，而且關閉的比率極高——很多只持續了一、二年。自由學府向各種社會團體訴求，從市郊的白人到市區的黑人都有。「有些似乎能擺脫現代衝突的塵埃而過著田園逍遙的生活，而有些則計慮著要整合多元文化和多語言的教育實驗。」不過它們全都企求要發展「自由兒童」，使他們能成為獨立和勇敢的人，能夠應付現代世界中複雜萬變的情況。[8]

精神病理學家格雷瑟（William Glasser）發展了「現實治療」（reality therapy），在所著的《沒有失敗的學校》一書中提出一種教育的人本路徑。格雷瑟認為人類有兩種失敗——不能去愛人以及不能完成自我價值。[9] 依格雷瑟的看法，學校在傳統上一直是失敗的，因為它們並沒有建立起溫馨的人際關係，透過溫馨的人際關係可以使得學生對愛的需求和自我價值感到滿足。學校的角色應該是要提供溫馨而沒有脅迫的環境，使得學生能獲得上述的需求。這種氣氛可以提供頗具效果的學習情境。《沒有失敗的學校》這本書提供了如何達到這些目標的詳細建議。

開放的教室、自由的學府和沒有失敗的學校，是教育人本主義為了使學校教育人本化所提出的許多建議當中的三項。必須指出的是，大部分人本主義的提議都是針對初等教育。

永恆主義

背景

永恆主義（perennialism）的教育立場，正式出現在 1930 年代，他們認為進步主義的學校以兒童為中心，重視現在及生活適應，嚴重的破壞了美國人的心智，所以，永恆主義可視為對進步主義的一種反

動。[10] 永恆主義認爲雖然社會、政治動盪不安，但是，「永恆」要比
實用主義的「流變」觀念眞實得多。
所以，永恆主義的學者又重溫傳統
「絕對」的觀念，特別重視亙久不移
的人類文化。在他們看來，這些觀念
歷經時間的歷練，更能彰顯其正確性
與實用性。永恆主義的學者都強調心
靈、理性，以及過去的偉大遺產。永

> ✦ 永恆主義的學者又重溫傳統「絕
> 對」的觀念，特別重視亙久不移
> 的人類文化。在他們看來，這些
> 觀念歷經時間的歷練，更能彰顯
> 其正確性與實用性。

恆主義發展之初，表現在教育理念上，也可視爲一種傳統式或古典式
教育的復甦，它當時面對最鮮明、最有勢力的敵人——教育的進步主
義。

　　要了解永恆主義爲何反撲進步主義，必須先了解「博雅教育」
（liberal education）的歷史淵源。所謂博雅教育，特重人文的研究，
使人之所以爲人，回復其自由與眞實，而反對將教育視爲一種職業訓
練。在希臘時代，人分成兩類——勞心與勞力。勞力者被認爲是比較
具有動物的特性，他們賴以維生的是體力；至於勞心者則是運用其理
性，他們是自由的一群，適合領導別人。所以勞心者的教育需要發展
人類理性的能力，這種重視人類理性與心靈啓發的教育觀，成爲西洋
文化根深蒂固的觀念。至於工作訓練，不是教育的任務，它應該經由
學徒制來完成，而不需要假手學校。學校教育應重視培養自由博雅的
人，所以博雅的人文學科成爲傳統教育課程之主流。

　　博雅的人文教育從希臘到羅馬，經基督教歐洲、到 20 世紀初一脈
相承，成爲歐洲和美國教育之代表。不過工業化卻逐漸改變了這種面
貌。因爲機器代替了人工，所以有更多人從原先「奴隸」的身分中恢復
自由之身，他們也累積了相當的財富，得以獲得原先只有統治階層才
得以享受的教育特權。然而，傳統教育對這些來自勞工階級者的教育
並不特別重視，也不是爲他們而設，自然顯得格格不入，而衍生許多

問題。當此之時，進步主義誕生了，它致力於使教育能適合多數人。在 1930 年代，傳統取向的學者對於進步主義日益造成的反智主義（anti-intellectualism）深以為憂，他們認為，既然機器已經代替了人工，不再有雅典時代統治與奴隸的對立，所以民主的社會，對每個人都是自由的，每個人都是統治者，所以全民都需要施以博雅教育。學校教育應重視的是學生的思考與溝通，而不是為工作求溫飽而施以職業訓練。[11]

永恆主義的兩大代言人首推赫欽思（Robert Maynard Hutchins）與阿德勒（Mortimer J. Adler）。赫欽思在 1929 年以 30 歲英姿風發的年齡，即擔任芝加哥大學校長，兩人以精彩的演講、犀利的筆鋒，廣泛地影響各界逾 50 年。赫欽思與阿德勒二人編纂《西方偉大經典》（*Great Books of the Western World*）叢書，成為永恆主義學者最重大的貢獻。該叢書涵蓋了百本以上西方「最好」的觀念與思想鉅著。

時至今日，美國馬里蘭州的「聖約翰學院」（St. John's College）仍規定以百本偉大經典鉅著作為學士學位的基礎。在 1980 年代末期，艾倫・布魯姆（Allan Bloom）的《封閉的美國人心靈》（*The Closing of the American Mind*, 1987），又重新彰顯了永恆主義對高等教育的主張。*

永恆主義的教育理論基礎建立在新士林哲學之上，而新士林哲學的主幹之一又是亞里斯多德。我們在討論新士林哲學時指出，影響美國

---

* 艾倫・布魯姆在1987年出版之《閉鎖的美國人心靈》指出，狹隘的技術教育觀，特別是美國的大學教育已經窄化了美國人之心靈。美國人業已不再有恢宏的氣度，不懂得欣賞完美的藝術，不願意去探詢生命的意義。1983年之《國家在危機之中》，指出了美國人學術水準之低落，特別是中小學。而《閉鎖的美國人心靈》則指出了美國人心靈層次的貧乏。其實，《閉鎖的美國人心靈》一書之主要論旨，在早年赫欽思之《高等教育在美國》（*The Higher Learning in America*, 1936）、《教育現勢與前瞻》（*The Learning Society*, 1968）即已提出。值得注意的是，艾倫・布魯姆的著作竟然在1980年代末成為暢銷書，這也說明了永恆主義的教育理念仍是人們心中的理想，特別是處在科技、效率、專技的時代。

教育的兩股力量，一為宗教取向的「宗教實在論」，一為「世俗的理性人文主義」，但兩者都深受亞里斯多德的影響，即使是新士林哲學的代表人多瑪士亦然。永恆主義亦有兩個分支，一個是赫欽思、阿德勒為代表，另外一支代表羅馬天主教的影響力，它與世俗取向的永恆主義立場相同，不過更強調精神、神學及多瑪士的觀點。馬瑞坦（Jacques Maritain）正是宗教取向永恆主義的代表人。

　　1980 年代初，永恆主義從對大學的關注中，走向中小學的領域上。他們認為中小學應為日後的博雅教育程度提供堅實的基礎。1982年以阿德勒為首的派代亞小組發表的《派代亞計畫》（*The Paideia Proposal*），為中小學規劃了「基本的學校教育」（basic schooling）。值得注意的是，派代亞小組的宣言已融合了一些杜威的觀點、教育心理學的發現，和當代社會的重要問題，當然，《派代亞計畫》的主張，仍與傳統永恆主義的目標與關懷處和諧一致。[12]

永恆主義的教育原理

人是理性的動物

　　永恆主義對人的看法，首先它承認人在許多方面與動物無異，有共同的本能、喜好與活動。然而，人之所以異於動物，仍在於其理性的智性，這是人類最獨特且最有價值的特徵。亞里斯多德曾說人是理性的動物，永恆主義學者分享了此一觀點，所以永恆主義把教育的焦點置於人類理性的部分。赫欽思曾說：「人能否真正成為人，端賴其是否能學習運用其心靈。」[13] 當人們發展其心靈時，自然就能運用理性以控制其嗜慾。

人的本質具有共通性，所以應為每位學生提供相同的教育

　　永恆主義認為，不論是何種人，在任何時代，都分享人類共同的理性本質。人既是理性的動物，又有著共同的特性，自然就應該有相等的教育。針對此種觀念，赫欽思曾經指出：

　　作為一個人自有其特定的功能，公民或國民的功能可能
會因社會而異。所以關於訓練、適應、教導，以及滿足立即
性需求的制度也應有所不同。但是，人之所以為人，其功能
卻不受時空的影響，因為這種功能肇因於人的本質所在。所
以教育制度的目標在不同的時間、不同的社會應該一致：就是
要提升人更像個人。[14]

知識有其共通性，所以對每位學生都應該教授基本的教材

　　如果知識隨著地域而有差異，學生將無所適從，他們也各自會有
不同的意見，如果有了共識，意見就變成了知識。教育體系內應該探
討知識，而不是意見。因為知識將導入人們進入永恆的真理之中，也
使得學生熟悉永恆的事物。赫欽思曾經以下面的推論說明必須有一致
性教育課程之理由。他說：「教育正意味著教學，教學正意味著知識，
知識是真理，真理每個地方都是相同的，所以教育也應該相同。」[15]

> ✦ 教育，對永恆主義而言，剛好與
> 進步主義背道而馳，在永恆主義
> 看來，教育不是要學生去適應世
> 界，而是要學生去適應真理。

　　教育，對永恆主義而言，剛好
與進步主義背道而馳，在永恆主義看
來，教育不是要學生去適應世界，而
是要學生去適應真理。課程不需要特
別重視學生的立即興趣，或者是強調
特定時空的重點。當然，教育的功能
也不在職業或專業的訓練。學校教育應重視學生的啓思，使學生能掌
握永恆的真理所在，進而在人群社會中扮演好自身的角色。這種共同
分享的知識基礎，會有助於人們的相互了解，作良好的溝通，建立更
令人滿意的社會秩序。

教育活動應以教材內容，而非學生為中心

　　許多永恆主義論者同意，在教育體系內，要學生熟悉永恆的真
理，課程應重視語言、歷史、數學、自然科學、哲學與藝術。

　　永恆主義的學習重點側重啓思的訓練。許多心智的練習，像閱讀、操練、記憶、計算，都是啓思的重點所在。而學習推理也是很重要的，與此有關的方法、邏輯、修辭也是當然的重點。雖然這種辛苦的學習並不對一般程度學生的口味，但因爲它是有益的，所以在艱難的啓思教育中，也可培養學生堅忍的意志。學生在課程裡所接受的心智訓練，可以有助於內化他們的意志力量，即使日後離開學校後沒有任何「強制者」（enforcer）要求他們履行不快的責任，他們也能堅毅的承擔成人生活的各種挑戰。

過去的經典是人類知識和智慧的寶庫，經得起時間的考驗，也與我們的生活息息相關

　　赫欽思、阿德勒與聖約翰學院所推崇的「偉大經典叢書」爲人所稱道，雖然部分永恆主義學者不完全贊同此一方案。不過，推崇偉大經典者都同意，研讀歷史上重要人物心靈的著作，是捕捉人類偉大觀念與發展智性的最好方法。

　　經典的偉大在於其經典性（classic），博雅經典適用於不同的時空，所以也就勝於一般的著作，正因爲博雅經典在不同的世紀，針對不同的人們與文化，都顯現其價值，所以它涵蓋了很多的眞理，經得起時間的考驗。永恆主義的學者聲稱，如果上述看法被接受的話，那對這些經典的研習也應該有永恆的價值。阿德勒對於研讀永恆經典有如下的看法：

　　　　閱讀經典不是為了復古的目的，也不是為了考古或哲學的興趣……而是因為這些經典一直到今天仍然適用，就如同它們成書之時。而且，經典所處理的問題，與所呈現的觀念，並不受制於「不斷變遷進步」的律則。[16]

　　永恆主義強調閱讀原典，也與精粹主義的立場不相符合。精粹主義特別重視以教科書作爲傳遞系統知識的有效方法。赫欽思指出：「教科

書，就如同其他理念一樣，也同樣降低了美國人的心智，如果學生應該知道西塞羅（Cicero）、彌爾頓（Milton）、伽利略（Galileo），與亞當‧斯密（Adam Smith），爲什麼不讀他們本身的作品呢？」[17]

不贊同偉大經典的永恆主義學者，認爲許多偉大的觀念可以以當代的作品爲素材，而獲得知識，不必一定求助於偉大之經典。然而，他們也同樣注意啓發學生的偉大心智，而不是求助於教科書的速成知識，這與偉大經典論者的立場並無二致。

教育的經驗是生命的預備，但並不是眞實生活的情境 *

學校的本質是透過人爲安排的機構，使未成熟的心智逐漸獲致人類共通的偉大成就，學校不是，也不應如進步主義所聲稱的，是社會的縮型。人類生活最美好的狀態，是要每個人的理性部分都充分的發展後，才得以獲致。教育正是這種特別的機構，以完成其重要的任務。它並不需要重視職業、休閒、娛樂的部分，雖然這些也是生活的一部分，但不屬於學校致力的範圍之內。

精粹主義

背景

除了永恆主義外，精粹主義（essentialism）在 1930 年代也高舉了旗幟以對抗進步主義。精粹主義同意永恆主義的看法，認爲進步主義的

---

* 或許，作者奈特在此的標題並不恰當，「教育的經驗是生命的預備，但並不是眞實生活的情境」（The educational experience is a preparation for life, rather than a real-life situation），此處的生命預備，與我們一般的教育的生活預備說的看法並不一致。奈特是要強調永恆主義的學校觀不同於進步主義的「眞實情境」，仍然是強調人類生活的共同性，以共謀社會和諧之預備，所以譯者譯爲生命預備，希望初學者不致與斯賓塞的生活預備說混淆。

教育活動太「軟性」（soft）了。如果要學習者在學習過程中完全沒有痛苦，其實也就逃避了一些最基礎的教育科目，像學習工具的精熟（如三 R），以及累積的知識等。不過，精粹主義認為對美國人而言，永恆主義是過於貴族化了，而且也有反民主的意味。

精粹主義並不像進步主義與永恆主義，它並沒有一個單一的哲學基礎。精粹主義同時受到觀念論、實在論的影響。除此之外，它受到相當程度「有教養的公民」（concerned citizens）之支持，這些人認為學校在進步主義的影響下，已經走入死胡同（gone to pot）了，學校必須回復紀律，並加強「基本學科」（the basics）的教學。

精粹主義也成為許多國家教育思想之主流，包括美國在內。它採取較保守的立場，重視學校傳遞真理知識的功能遠甚於學校的改造。

精粹主義在 1930 年代就對美國所謂「生活調適教育」（life-adjustment education）、「兒童中心學校」（child-centered school）以及學習品質低弱的現象，大聲疾呼。在 1938 年，貝格里（William C. Bagley）、康得爾（Isaac L. Kandel），與布里德（Frederick Breed）正式組織了「精粹主義美國教育促進委員會」（Essentialist Committee for the Advancement of American Education），代表了精粹主義的主要勢力；至 1950 年代左右，史密斯（Mortimer Smith）與貝斯多（Arthur Bestor）組織「基本教育委員會」（Council for Basic Education），代表了精粹主義的另一股勢力。

「基本教育委員會」的主要立場，可以從貝斯多幾本膾炙人口的著作中看出端倪。像《教育荒原：公立學校的退步》（*Educational Wastelands: The Retreat from Learning in Our Public Schools*, 1953）、《恢復學習：重振美國教育水準的方案》（*The Restoration of Learning: A Program for Redeeming the Unfulfilled Promise of American Education*, 1955）。貝斯多曾經挪揄的說：「為我們國家起草聯邦憲法的人，難道他的教育過程是曾經去實地參觀『市長辦公室』，或是『州監獄』嗎？」

這是精粹主義對進步主義「貢獻」美國教育的有力批評（諷刺進步主義降低美國學生程度）。[18] 基本教育委員會不僅關切美國教育品質的低落，而它的一些學者專家們也具體的規劃了正式教育的課程架構。

另一個具影響力的精粹主義代言人是原子潛艇之父里科弗（Hyman G. Rickover），他批評美國人缺乏成熟的心靈，建議美國人採取歐洲的教育制度，如荷蘭、俄國。希望美國青年在高中畢業後，都能有基本的能力，以爲日後更專業、更嚴格的技術課程奠基。

1957 年蘇聯人造衛星史潑尼克（Sputnik）的震撼，愈發地增加了精粹主義的分量。許多美國人認爲蘇聯的成功正意味著美國的失敗。所以，在 1950 年代末、1960 年代初這段時間，學者們專注在課程改革方案的研討。數學、語文、科學，以及其他領域的學科，新教材與新方法不斷被提出。

承襲了進步主義，在 1960 年代的教育改革中，教育人本主義也有它的影響力，它致力於學校的人性化。對教育人本主義的反撲則是有名的「回到基本」（back to the basics），歷 1970 年代，也成爲進步的呼聲。

到 1980 年代，連美國政府都投入此漩渦中，全美卓越教育委員會發表了有名的報告書《國家在危機之中》（*A Nation at Risk: The Imperative for Educational Reform*）。

報告書指出美國教育的基礎正被一種日益興盛的「平庸化」（mediocrity）思想所腐蝕，那將深深影響到國家及個人的未來，[19] 報告書特別規劃了五種新基本課程（Five New Basics），這是高中畢業生最起碼的學業標準，包括四年的英文、三年的數學、三年的科學、三年的社會學科，以及一年半的電腦課程，如果要進大學的話，還應包括兩年的外語。[20]

《國家在危機之中》刺激了許多其他官方報告書的發表，這些報告書都強調學校基本科目及技術的教學，如「美國大學委員會」

（the College Board）在 1983 年完成的《為升大學的學術準備》（*Academic Preparation for College: What Students Need to Know and Be Able to Do*），以及「經濟成長教育促進會」（Task Force on Education for Economic Growth）於 1983 年出版的《力求卓越的行動》（*Action for Excellence: A Comprehensive Plan to Improve Our Nation's Schools*）。[21]

除了 1970 年代和 1980 年代初對基本學科的重視外，一些清教徒的右翼分子們也呼籲，所有基本課程的基礎——宗教，也應該成為學校的課程。鑑於「法治教育」代替了聖經與禱告，以及 1960 年代美國道德的淪喪，一些信奉正統基督教派的學者，如費維（Jerry Falwell）、勒黑（Tim LaHaye）不僅認為三 R 應重返教室中，更重要的四 R ——宗教（religion）應成為教育的中心。他們認為教育人本主義受限於「世俗人文主義」，無法正視人類所面臨的危機。他們除了疾呼宗教應重返教室外，傳統上支持公立學校系統的保守清教徒團體，還建立了數以千計的的主日學校（Christian day schools）。在 1980 年代初，主日學校設立的浪潮或許是美國最快速成長的學校之一。[22]

精粹主義在 21 世紀初仍展現其活力。1996 年赫西（E. D. Hirsch, Jr.）出版《我們所需的學校及為何我們沒有這些學校》（*The Schools We Need and Why We Don't Have Them*）一書。赫西指出，美國有最好的公立大學，但卻有著在已開發國家中最差的公立中小學。順著貝斯多、原子潛艇之父等人的觀點，赫西認為從幼稚園到高中（K-12），深受進步主義及教育人本主義足跡之影響，都該負責。他指出：「許多最近的『教育改革』，都來自哥倫比亞大學師範學院（教育進步主義的學術搖籃）20 世紀 10 年、20 年、30 年代的失敗浪漫式、反智的老戲碼。」[23]

赫西對學生程度低落的回應之道見其在 1987 的著作《文化素養：所有美國人應該通曉的知識》（*Cultural Literacy: What Every American Needs to Know*）。「文化素養」也者，赫西在該書中指出：「是擁有基

本的知識以促進日益興盛的現代社會。」之後，由於「文化」一詞會引起混淆，赫西用「核心知識」（Core Knowledge）取代「文化素養」一詞。為了落實其理念，赫西成立「核心知識基金會」（Core Knowledge Foundation），並為小學編輯了系列的書籍。在 1996 年，核心知識系列叢書曾以「小一學生應該通曉的知識」（What Your First Grader Needs to Know）為名，出版了六冊。在 1990 年代末，有數百所學校採用赫西的理念辦學。[24]

精粹主義，就如同其他教育論一樣，對於學校最好的課程內容並無完全一致的定論。不過，仍然有幾個主要的原則，可以代表精粹主義的共同立場。

精粹主義的教育原理

學校最主要的工作就是教授基本知識

對精粹主義的學者而言，教育的中心要務就是教授一些基本的學科內容與技術，使學生精熟，而使學生成為日後公民社會的一員。在初等教育階段，應特別重視基本的工具技術，以為日後高深的文學、數學奠基，所以三 R 的教學最為重要；在中學階段，課程的目標應發展歷史、數學、

> ✦ 在初等教育階段，應特別重視基本的工具技術，以為日後高深的文學、數學奠基，所以三 R 的教學最為重要；在中學階段，課程的目標應發展歷史、數學、英文、文學，以及外語的能力。

英文、文學，以及外語的能力。精粹主義的學者認為像踢踏舞、編織花籃等的教學並不是學校的工作，學校應該把教學目標放在對所有青少年而言，最核心最艱難的部分。

許多美國高中生是功能性文盲，相當數量的大學新鮮人，需要大學再提供基礎英文的教學，精粹主義的學者對於這種現象深惡痛絕。他們認為美國的學校太迎合學生的口味了，這實在是很滑稽的教育現

象。學生所需的正是基本的學科內容與技術，以了解世界的本質所在。

學習是困難的工作，需要紀律的配合

學習基本學科不能完全仰賴學生興趣。精粹主義雖然認為進步主義取向的問題解決方法常有助於學習，不過也必須認清事實，即不是每種學科教材都可以設計成問題，大多數的基本學科仍得靠直接的方法，如記憶與練習，才能竟其功。兒童立即性的需求遠不如其長遠的目標重要。雖然興趣已被證實是一種動機的力量，但是努力仍然比興趣來得重要。對許多學生而言，他們花了足夠的努力在學習基本學科時，興趣就會培養出來。

學生就像成人一樣，在努力用功時常會分心，所以，他們就必須自我訓練，隨時集中注意力於功課上。不過，一般學生並沒有這種自制力。老師必須從旁協助，以外力督促學生完成指定的困難作業。

教師是教室權威的來源

精粹主義學者不認為教師是所謂的學習同伴或嚮導。教師，他深深了解學生需要的東西，並熟諳各種學科教材的內容與邏輯順序，以及應該如何呈現教材。

此外，教師也是成人社群的代表，應該受到尊重。如果學生不尊重教師，教師有權力，也有責任處理訓育問題，如此才能營造一個有秩序的學習環境。

精粹主義與永恆主義的比較

精粹主義和永恆主義是兩股保守的教育勢力，它們存在著許多共通性。拉卡斯（Christopher Lucas）曾經指出了兩者有四點共通性：

> 首先，它們都同意技術的實用性、效率化應臣屬於永恆智性、精神、倫理等通識教育的目的上。再者，它們都同意教育的重點是要傳遞及吸收從社會文化遺產孕育出的基本學

科內容。第三，它們都強調在學習過程中努力、紀律、自制的重要，反對只顧及立即性需求的滿足與興趣。第四，它們均持保守的立場，著重課程的連續性：大學程度博雅教育的基礎，應建立在對基本學習技能系統、計畫、程序性的探究之上。小學要重視三 R 的教學，中學要重視各教材學門的系統指導與介紹。[25]

雖然精粹主義與永恆主義極其類似。但是，作為一種教育理論，它們也有一些差異所在。喬治・奈勒（George F. Kneller）提供了一個很好的歸納，根據奈勒的看法，一項最主要的差異是精粹主義對於智性啟發的強調，沒有永恆主義來得強烈。精粹主義不像永恆主義那樣強調終極真理，它們比永恆主義更重視學生對周遭自然與社會環境的調適。

再者，精粹主義比永恆主義更願意吸收進步主義的一些方法。第三點是對過去文化遺產的關注態度不同。永恆主義堅信這些遺產是沒有時間性的，代表了人類亙古的洞見，而精粹主義則重視過去文化遺產是研究現在問題的可能來源之一。[26]

第四點喬治・奈勒並未提到，為了便於讀者區分，我想指出，永恆主義比較重視高等教育之層面，而精粹主義則比較重視中小學層面。

重建主義

背景

20 世紀 1930 年代是危機的 10 年。資本主義國家的經濟普遍地不景氣；極權主義在歐洲與亞洲興起；而美國社會的成長也呈現疲憊之勢。美國的觀察家也指出民主已經到了最後的關頭，觀察家們也發現 1930 年代的經濟恐慌並不在於食物或各種物質生產的匱乏，恐慌竟然

發生於富裕之中。美國的問題不在於生產，而是如何將過剩物質予以合理分配。當此之時，美國的商業部門已呈現部分的麻痺，政府對這些經濟脫序的現象竟然束手無策。

在 1932 年，康茲（George S. Counts）發表了一系列動人的演說，後來集結成《學校敢於建造一個新的社會秩序嗎？》（*Dare the School Build a New Social Order?*）一書。康茲在這些演講中，要求教育工作者拋棄他們被禁錮的心靈，竭盡一切力量，在總體經濟制度與民主政治原則的基礎下，建造一個新的社會秩序。

> ✦康茲要求教育工作者拋棄他們被禁錮的心靈，竭盡一切力量，建造一個新的社會秩序。

康茲希望教育專業團體與人員能夠有系統的組織各級教育——從幼稚園到大學，再運用這種組織的力量為廣大的人群造福。[27]

重建主義對學校角色功能的看法，正與傳統學校之角色背道而馳。傳統學校被認為是被動的傳遞文化遺產；而重建主義則認為學校應主動的引導社會改革。在 1930 年代，執教於哥倫比亞大學的康茲（Counts）與洛格（Harold Rugg）所領導的集團，被人視之為「前衛思想家」（Frontier Thinkers）。他們的觀點可視之為杜威對社會進步觀念的延伸，所以重建主義的哲學基礎是建立在實用主義之上。

戰後，布來彌德（Theodore Brameld）可視為重建主義的代表人。他的重要著作有《教育哲學的類型》（*Patterns of Educational Philosophy*, 1950）、《邁向重建的教育哲學》（*Toward a Reconstructed Philosophy of Education*, 1956），與《教育即力量》（*Education as Power*, 1965）。

重建主義的教育原理

世界正處於危機之中，如果不能解決這些迫切的問題，人們必將走向毀滅之途

重建主義認爲人類正面臨著許多的問題，諸如人口、汙染、有限的自然資源、資源分配的不均等、核子毀滅、種族紛爭、國家主義、各種工業科技的誤用等，如果無法有效的解決，人類必然走向敗亡。重建主義認爲這些問題是與當代極權主義、群性社會中個人價值的泯沒，以及忽略世界上多數的人們有密切的關係。簡言之，世界正史無前例的面臨了經濟、軍事與社會的嚴重問題，已經到了無可忽視的地步。

解決世界問題的唯一之途是建立一個計畫的社會秩序

由於問題是世界性的，解決之道亦然。唯有透過國與國之間的合作，才能將有限且不均的資源作合理的分配，而俾益於全世界人類。處在科技的時代，帶給世界很大的進步，也增進了彼此之間的互賴性。但在另一方面，卻也造成了「文化遲滯」（cultural lag），而無法適應新的社會秩序。我們可能在生活上已經進步到太空飛行的世紀，而價值與政治態度上，卻仍停留在馬車階段。

重建主義認爲我們處在世界的社會中，技術能力可能適足以破壞了人們的物質需求。只要國際間能放棄對物質資源的爭奪，而致力於合作，共謀全人類的需求，「烏托邦」是可能來臨的。在烏托邦的社會中，人們可以把「集中努力使人類更美好」本身作爲目的。

正式教育是重建社會秩序的主導力量

重建主義的學者認爲，學校很自然的會傳遞社會價值，而當今的經濟、政治是那麼的混亂，如果保守地任由學校傳遞這些價值，不啻更危害了人類。所以，重建主義一反傳統學校靜態傳遞社會價值的角色，將學校視爲改造社會的基石。而此時此地，學校的改造功能也更爲迫切，因爲人類隨時可能自我毀滅。

　　布來彌德等對於教師的力量，以及其他教育人員對社會變遷的導進功能，深具信心。他們認為，學校不應著重社會現狀的維持，而是要成為改造社會的積極力量，有秩序的將社會導入未來之中。[28]

　　重建主義也並不認為單靠學校就能促進社會變遷。不過，他們認為學校是觸及整個社會生命的重要單位，因為學校所接觸的對象都是尚未踏入社會，不受社會汙染的年輕人。所以，學校對社會問題能夠保持超然的洞見，並能成為改造社會的擁護者與先驅。

教學方法必須建立在民主的原則之上，這植基於認可大多數人的智慧；行動必須以最能解決人類問題為依歸

　　重建主義像許多進步主義取向的運動一樣，認為民主是最好的政治體制。他們認為民主的過程應該表現在課堂教學裡，學生有權表達他對社會、政治、經濟問題之意見。

　　布來彌德認為老師在處理爭議性的課程內容時，態度必須是包容的，他稱之為「可辯護的偏見」（defensible partiality），教師允許學生公開檢視贊成和反對他的證據，然後盡可能公正的提出解決方案供學生選擇。教師不可專注自己的觀點，他可以公開說明或辯護，直至大多數同學認可為止。重建主義似乎有一個預設，那就是只要經過自由民主的討論，人們對於所遭遇的問題以及回應之道，都會有清楚的共識。無怪乎有些觀察家認為，重建主義對於人的智慧與善意都有很大的信心，而這些信心可能是「不切實際的信心」（utopian faith）。＊

＊　在一般的美國教育哲學教科書上，大致都把重建主義視為對杜威等社會進步觀念的延伸，也強調其擁護民主教育之理念。不過，國內教育哲學先輩吳俊升在回憶其與杜威見面時，曾指出重建主義有流於激烈左傾的情形。當時之Counts、Childs、Rugg等以哥大「新學院」為試驗場所，卻淪為黨派鬥爭的行動場所。〔見吳俊升（1972）《教育與文化論文選集》（臺北：商務）〕以重建主義的機關刊物《社會疆界》（*The Social Frontier*）為例，就曾明白表示他們贊成階級鬥爭。大體上，重建主義與其視為一種教育哲學，不如視為一種樂觀的教育進取觀點。近年來，部分批判教育學及課程改革的學者也常把重建主義視為其重要的理論淵源之一。

如果正式教育是解決當代世界危機的方式，它必須主動的教授有助於社會變遷的內容

「教師」在康茲的筆鋒之下，應該殫精竭慮，發揮其最大的力量。[29]教育必須喚醒學生對社會問題的意識，鼓勵他們去解決這些問題。教師要求學生質疑現狀，探索富爭議性的宗教、社會、政治、經濟乃至教育的問題，學生的社會意識就會被喚醒出來。批判式的探究與討論有助於學生去了解現存體制的缺失，也能發展學生有別於傳統智慧的替代想法。

在社會科學中，人類學、經濟學、社會學、政治學、心理學，應成為課程的基礎。重建主義運用這些學科來界定當代爭議矛盾的問題。教育的目的正是要揭露人類文化所面臨的問題，提出良善解決方案的共識，進而重建世界的文化。而重建主義的理想世界，社會是由能夠合理處理個人目標的大多數人來控制。[30]

未來主義

1970 年代，杜佛勒（Alvin Toffler）在他的暢銷著作《未來的衝擊》（*Future Shock*）一書，為回應日益暴增的知識科技，而提出了一個嶄新的教育理論。杜佛勒認為，今日的教育，即使是所謂最好的學校，也與時代「完全脫節」（hopeless anachronism）。[31]學校的各種運作，仍以工業時代為標準，殊不知社會已經進入超工業時代。所以學校永遠都跟不上社會的脈動，杜佛勒指出：

> 我們的學校並不是朝向新的社會，而是退回到一個垂死的制度之中。學校傾全力要造就一個能適應社會制度的工業人。不過，學生在尚未獲得這些技能時，社會又面臨了轉型。

為了應付未來的衝擊，我們必須建立一個超工業的教育制度。當然，為了達到這個目的，我們必須由未來，而非由過去，來尋求目標與方法。[32]

杜佛勒強調，教育制度必須浮現連續性及可改變性的景象，使老師與學生都更能注意教育的變動情況。[33]學生透過對未來人類社會的研習，以探索各種可能及可欲的未來狀況，希冀能邁入更好的未來社會中。[34]

約翰‧奈斯比德（John Naisbitt）在 1982 年出版《大趨勢》一書中，曾列舉 1980 年代的全美十大趨勢：

1. 從工業社會進入資訊社會。
2. 從強制科技進步到高科技、高感應。
3. 從國家經濟擴大到全球經濟。
4. 從短期思考進到長期思考。
5. 從集權管理改變為分權管理。
6. 由制度救濟轉變為自力救濟。
7. 由代議式民主進化到參與式民主。
8. 由層級組織轉變為網狀分布。
9. 由美國北部移轉到美國南部。
10. 由非此即彼變成多重選擇。

在 1990 年代時，奈斯比德夫婦又出版了新作《二○○○年大趨勢》一書，規劃了 1990 年代的世界趨勢與因應之道，它們是：

1. 全球經濟景氣。
2. 二度文藝復興。

> ✦我們的學校並不是朝向新的社會，而是退回到一個垂死的制度之中。學校傾全力要造就一個能適應社會制度的工業人。不過，學生在尚未獲得這些技能時，社會又面臨了轉型。

3. 社會主義變質。

4. 文化貌似神異。

5. 民營勢在必行。

6. 亞太地區興起。

7. 新女性、新領袖。

8. 生物科技革命。

9. 世紀末宗教熱。

10. 個人戰勝團體。

在 1990 年代初期，杜佛勒仍然再度疾呼要重視教育的未來取向，而且再度強調各項革新制度的推陳出新。在面對新資訊技術社會時，他認為：

> 我們的大眾教育體制已不合時宜。就好像大眾媒體的快速變遷例子一樣，教育也必須汰舊換新，節目也要多樣化。如果學校的目的是要使人在新的第三波的社會中過得更好，高選擇的制度應該要充分取代低選擇的制度，經濟所應扮演的生產角色，更不待言。[35]

未來主義的學者與重建主義有相當多的共同點。不過，未來主義並不特別強調學校能導引社會變遷，它們只是希望人們能先有充分的準備，以便以明智的方法處理日新月異的世界。為了達到這個目的，未來主義與重建主義的學者一樣，認為可以透過對現存社會、政治、經濟問題的批判式探索而獲致。

謝因（Harold Shane）曾經規劃了未來主義的課程藍圖，是以當代社會各種不公平、矛盾等問題為核心。這與重建主義的課程規劃和教育活動極其類似。兩者都希望透過教育而達到「更好的未來」（a preferable future），[36] 就此觀點，未來主義可視為重建主義的修正與擴展。

　　古鐵克（Gerald L. Gutek）在其《哲學、意識型態對教育的啓示》（*Philosophical and Ideological Perspectives on Education*, 1988）一書中曾經把未來主義與發展理論（development theory）視爲由重建主義衍生的兩股當代運動。在社會學領域，早年對「現代化」的探究，以及近年流行的「依賴理論」（dependency theory）與「世界體系理論」（world system theory），都對國際間比較教育的研究有重大的啓示，讀者可自行研讀這些內容，在此譯者特別介紹發展理論中對教育的分析，讓讀者更能體會重建主義或未來主義對教育視野的科學分析。

　　從二次大戰後到 1960 年代末歐美的政治、社會、經濟正面臨嚴重轉型，當時的教育理念又未考慮到人口統計學的意義與社會功能的需求，而一味地擴增，終於出現了許多問題。一群學者在 1968 年齊聚維吉尼亞州的威廉斯堡作廣泛的討論，他們認爲造成開發國家教育問題的原因有幾點：

1. 當局對教育事業蓬勃發展，持過度樂觀的看法。
2. 當局對教育資源的運用，並沒有作很好的規劃。
3. 教育制度本身的天然惰性，無法立即回應變遷的外在世界。
4. 社會的傳統包袱、宗教習俗、社會贊許模式與社會制度結構，抵消了許多教育的人力資源。

　　在 1968 年出版的《世界教育的危機：系統的分析》（*The World Educational Crisis: A System's Analysis*），已經運用發展的概念，以重視教育與社會脫序的現象。

　　1980 年代，寇門（Philp H. Coombs）重新以 1968 年的研究模式爲基礎，檢視了 1968 年後世界經濟、政治、人口等的變化情形，重新規劃分析模式，在 1985 年出版《教育的世界危機：八〇年代的觀點》（*The World Crisis in Education: The View From the Eighties*），值得在此引述。寇門首先指出了影響教育環境的因素變遷：

經濟的變遷

1970 年代有四項經濟的變遷，深深影響著教育：(1)1970 年代許多國家都從人力資源缺乏轉移到人力過剩，而發生「教育性失業」（educated unemployed）問題；(2) 國際間人力流動的失調，開發中國家普遍發生人力外流現象（brain drain）；(3)1973 年石油危機所造成的全球性經濟不景氣與通貨膨脹；(4) 服務業的空前成長，改變了人力市場，使人力市場趨於兩極端，介於高薪高專業，與低薪的普通服務業均增加了許多就業機會。

政治的動盪

1970 年代的政治問題常與經濟問題相伴而生：(1) 就開發中國家而言，民族主義高漲、民權意識抬頭，老師與學生常是抗議運動與革命的先鋒；(2) 就已開發國家而言，雖然沒有暴力武裝的肆虐，但內部也呈現文化、語言、宗教及種族上的歧異；(3) 由於政治的影響，許多國家都必須接受如潮水般的難民及其他遷入者，而產生許多問題；(4)1970 年代最顯著的政治情勢是中共放棄了閉關自守的策略，對西方採行開放政策，造成東西方之間文化、教育上的一種交流。

人口數量上的變遷

開發中國家的人口增加情形被低估了，所以教育措施無法回應學齡人口的需求；先進國家的人口成長雖已經緩和，使教育的擴充可以獲得許多喘息的機會，但當教育的重點從量的擴充轉而重視質的改進時，卻衍生了更多的問題。寇門指出，早先普遍的看法是透過從先進國家的技術轉移，可以提升並強化開發中國家，開發中國家的重要地區將會日益擴散，而泯除城鄉的不均，但是 1970 年代的發展卻不是如此，而是城鄉差異的日益擴大，正所謂「不患寡，而患不均」、「教育機會均等」的口號被高唱入雲。學者們在重視「正式教育」（formal education）之餘，開始重視「非正規教育」（nonformal education）。所謂非正規教育，也是一種有組織、有系統的教育活動，它執行著正式教育以外的工

作，為特殊的次級團體、成人及小孩提供選擇的教育類型。在許多開發中國家，非正規教育與成人教育被視為是同一詞。其實，諸如對農業推廣及農民訓練，對社區所作的各種健康、營養、家庭計畫、休閒等活動，都屬非正規教育。一般而言，正式教育就其系統本身各部分而言，乃是相互關聯的，如國小、國中、高中。至於非正規教育，各活動之間彼此互相獨立，在一些特定的教育型態，如成人讀寫能力班、失學青年補救教育等，則可視為正式教育與非正規教育統合的例子。

在此必須注意另一教育術語——非正式教育（informal education）觀念的釐清。非正式教育是一個人在一生的過程中所獲得的知識、技能、態度與生活經驗的全貌。家庭、朋友、旅行、報紙、書籍、廣播、電視電影，均是非正式教育來源的重要方式，所以非正式教育是非組織、非系統、非預先設計的。展望 1980 年代，無論先進國家或是開發中國家，寇門認為，「非正式教育」的發展是重要的一環。

最後，寇門以發展的概念提出了一個「學習網路」（learning network）的分析概念，企圖針對所有國家，提出一個較通用、能評估所有教育現象的工具。

第三世界關於解放與發展觀點的教育方案——革命的教育理論（revolutionary educational theory），也與重建主義與未來主義緊密相連。這種理論希望從低階級所關注的政治、社會、經濟權利等草根式教育（grassroots education）出發，以促成更寬廣世界文化的變遷，而邁向更健全的未來。此一教育革命理論的先驅首推佛拉瑞（Paulo Freire），他在 1970 年所出版的《受壓迫者教育學》（*Pedagogy of the Oppressed*）是此一方面的代表，也是一個典型的教育革命理論，詳見下節。

未來主義，的確可以豐富教育工作者的視野。預測未來，不免要對現在政治、社會、經濟、文化諸條件做科學的分析，所以也成為教育事業的重要一環，因為教育事業免不了要對未來之教育作推估，這當然

涉及到許多專門的技術與知識。教育哲學家們雖無法熟諳這些技巧或系統分析，但是，教育哲學家們仍可以其豐富的睿智，爲教育的未來提供理念上的指引，並隨時針對已規劃好的未來教育政策提出批判反省。如此，以重建主義爲出發的未來主義，作爲一種教育哲學，仍有其積極之意義。*

批判教育學與建構主義
（含多元文化主義、女性主義及全球化主義）

在教育思潮中，有點接近重建主義，又稍微遠離未來主義，是我們現在所要討論的批判教育學。除了重建主義的遺緒外，批判教育學也從其他理論思潮中汲取養分。其中之一正是以探究社會和政治思想著稱的法蘭克福學派（Frankfurt School），或稱爲「批判理論」（critical theory）。法蘭克福學派浮現於 20 世紀的 1930 年代，他們整合了社會理論和哲學，企圖經由社會的轉換，而終結各種宰制的形式。批判理論的學者一方面接受了馬克思對資本主義的批判，但也保留了啓蒙時代以降的許多核心關注。

批判教育學最有力的影響之一是促成了第三世界國家解放和發展的教育方案。這種方案是建立在革命的教育理論之上，經由對低階層草根教育（grass-roots education）的發展，使其關注自身所處政治、社會、經濟之權益，從而改變舉世主流的文化，以迎向更健康的未來。佛拉瑞（Paulo Freire）的《受壓迫者教育學》（*Pedagogy of the Oppressed*）正是此一運動開風氣之先的著作。教育的革命理論連結了不同的解放理論運動，如未開發國家的解放，以及在已開發國家中，處於少數不利地位

---

* 本書原作者奈特對未來主義只作極簡短的介紹，自約翰・奈斯比德以降及發展理論等爲譯者所加，希能使讀者更能領略未來主義取向之教育觀。

者之解放等。[37] 佛拉瑞爲批判教育學作出了巨大的貢獻。

　　批判教育學另一有力的影響是來自後現代思潮。後現代學者著重知識的主觀性（subjectivity），並視知識爲權力，都深深影響了批判教育學。由於批判教育學接受了後現代的這些立場，我們不難想像，批判教育學與所謂健康的教育觀，如精粹主義、永恆主義、行爲主義等，是如何格格不入。

　　麥克拉倫（Peter McLaren）說：「批判教育學在根本上，是關注在權力與知識關係之理解。」這種關係的理解之所以重要，是因爲批判教育學者認爲學校課程不僅僅只是學科的學習，「甚者，課程代表著對特定生活方式的介紹；它爲學生未來在所處的社會中成爲支配者或被支配者而準備。」所以，課程應被視爲是「文化政治學」（cultural politics）的形式。[38]

> ✛ 批判教育學者認為學校課程不僅僅只是學科的學習，「甚者，課程代表著對特定生活方式的介紹；它為學生未來在所處的社會中成為支配者或被支配者而準備。」所以，課程應被視為是「文化政治學」（cultural politics）的形式。

　　批判教育學把傳統學校的功能看成是社會再製（social reproduction），社會、經濟的關係及態度之所以要延續及再製，是爲了要維繫現存的經濟和階級結構。批判教育學傳承了重建主義的精神，賦予了學校革命的角色。學校必須致力於創造一個更公正的社會。誠如麥克拉倫所說：「批判教育學……代表著對學校教育所持的特有立場，使學生能增權賦能（empowering），並轉化社會秩序，追求正義與平等。」[39]

　　批判教育的學者認爲，所謂學校的中立性，是一種迷思，此一迷思忽略了：

　　　　（忽略了）知識和認知的社會建構性。忽略了一項事實，
　　即在後現代世界中，最重要的權力運作之一涉及的是，所謂

意義以及何種知識最具價值是由特權者來界定。如果喪失了對批判的堅持，知識將淪為一種壓迫——對非白人、貧窮者以及婦女的壓迫。[40]

季胡（Henry A. Giroux）認為，學校必須營造成為「新的知識形式」的場所，「拓展新的空間，使知識的生產成為可能」，他指出：

> 批判教育學作為一種文化政治學，指出了在知識的生產與創造過程上抗爭的必要性，並將其導入於營造一更寬廣公民公共領域的企圖，其目的在於使這些公民在日常生活中，特別是面對知識的生產與獲得的情境時，更能思考涉及其間的權力運作……，在我們所處的險峻環境中，批判教育學為學生及其他人提供知識、技能、習慣，俾能使他們在閱讀歷史時，能重新疾呼，以更民主、更公平的方式，打造符合其利益的生活形式，建立其新的認同。[41]

前引文已說明了批判教育學汲取了建構主義（constructivism）的精神，建構主義的教育目標即在於「經由建構或重組學生認知結構，促成學生主動學習。」[42] 我們在第 5 章，已指出了建構式的知識有如下特徵：(1) 知識不是客觀的，是人們主動建構的；(2) 知識非完美的，也是不完全的；(3) 知識的成長是經由揭露。[43] 建構主義經由批判教育學者的運用，儼然已成為革新社會秩序、促進社會正義的重要課程與教學工具。批判教育學也特別關注多元文化主義、女性主義、全球化主義等領域。

多元文化主義

多元文化主義在 20 世紀的後半葉，也逐漸在學校中占有了位置。

有些人把多元文化主義視爲一種覺醒或是對差異的欣賞，另有些人則把多元文化主義視爲是一種革命的工具。

　　前述的後一種立場，把多元文化主義與批判教育學聯繫在一起。史莉特（Christine E. Sleeter）的著作《多元文化教育作爲一種社會行動主義》（*Multicultural Education as Social Activism*），正是聯繫兩者的佳作。她認爲多元文化教育應該被「理解爲對學校教育主流支配模式的抗爭，特別是針對白人霸權的抗爭。」[44]

　　多元文化論者認爲過去少數團體之所以被漠視，是因爲主流團體掌握了文化再製的機構，如學校、博物館、大學、出版社等。少數團體只能在圈內口耳相傳。多元文化論者認爲此一時代已過，少數團體的聲音必須解放，使其故事能成爲所有人共享的遺產。除此之外，多元文化教育也是一種運動，目的在矯正過去社會、經濟和政治上的不義。

女性主義

　　有些人覺得教育中的女性主義，也是批判教育學的一個支流。畢竟，婦女及其關心的重點，在一個以男性主導的社會中，並沒有獲得公平的對待。女性主義者不僅致力於課程改革，開拓婦女研究之領域，而且也致力於增加女性進入教育的權力結構。

　　當女性主義關心教育領域中有關再現、權力等之議題之餘，部分擁護者認爲應把女性的經驗、價值、責任、活動等整合到課程之中。諾丁絲（Nel Noddings）在《學校中關懷的挑戰》（*The Challenge to Care in Schools*）一書中，嘗試運用反映婦女母職的實踐及女性意識的關懷倫理學重構教育活動。[45] 簡言之，女性主義者很敏銳的感受到人際關係、美感經驗、情緒在學校教育的知識建構中所扮演的角色，而女性主義者也期待這份關注能在教育經驗中占有更大的位置。*

---

* 　女性主義一詞源於19世紀的法國。不過，今天「女性主義」一詞可能已隨著不

同人而賦予多樣化的意義。即使是在學術圈，對某些人而言，稱某人爲女性主義者，有時也帶有某種貶意，認爲過於強調女性的主體地位，造成兩性之間的緊張……，不一而足。事實上，女性主義的發展，正是由於部分的人們在主觀上感到男女不公平，而儘量去尋求各種客觀的解釋。女性主義者企圖論證兩性的不平等，不能想當然爾的解釋爲先天男女有別的本質性界定，而是各種人爲制度的因襲成見。女性主義大體上是描述並揭露男女不平等的現象，尋求其後天文化原因，並致力於改善婦女地位，建立平等新社會。

女性主義學術的建構是伴隨西方自啓蒙運動及工業革命、資本主義體制以降各種思潮的軌跡，如自由派女性主義、烏托邦女性主義、社會主義女性主義、基進女性主義、精神分析女性主義……，20世紀1970年代以後，後現代女性主義、女同志理論、後殖民、後結構女性主義，乃至生態女性主義等都不斷推陳出新……從性別的生物分析、心理分析、各種相關的法令及社會福利，乃至母職意義、女性生產力、全球化的政經體制所帶來不同國別女性的需求等。各派女性主義的分析，已相當多元與繁複，廣泛的影響20世紀各種人文、藝術及科學領域。因此，各個領域，如果忽略了女性主義的觀點與視野，都將是嚴重的缺憾。

雖然無論在學術研究或是具體實踐策略上，女性主義的影響都是既深且鉅，但女性主義者都有可能陷入一弔詭。女性主義的發展之初是從反本質的立場，去挑戰兩性分工的刻板印象，爲了要證明女性不輸男性，要先確立平等的原則，這是自由派女性主義的基本立場。不過，女性主義學者逐漸意識到，整個社會的結構及文化，其實是以男性爲主體，這不是抽象的強調男女平等就可竟其功，從「差異」的立場，反而更能突顯女性的境遇，從而可以擬定更適切的婦女政策。因此，在學術上男性vs.女性的各種論述，紛紛出籠，例如女性知識論、科學觀、倫理學、美學等，的確顛覆了傳統學術的既定規準。簡單說來，女性主義學者認爲，傳統的科學與知識論，強調主客體的對立，過度強調理性，排除了感性、直覺在認知上的價值，在倫理學及美學上，也以男性的思考作標準，排除了女性的經驗。一言以蔽之，女性主義者企圖從女性的認知與經驗出發，企圖建構另類的文明。雖然，這些女性主義學者很小心翼翼的不陷入本質論的窠臼，但是，這些重視女性主義經驗的學術論述，很難不落入本質論的指控。因爲當強調女性的主體經驗時，極易再製了傳統性別的角色。晚近學者們，也儘量避開這種性別二元式的對壘，如何從差異的立場，適度的男女有「別」，從中發覺出多面相的議題，就成爲女性主義學者們近年來努力建構的重點。也因此，女性或兩性也逐漸被「性／別」一詞所替換，以代表更多元的意義。女性主義的訴求，已逐漸成爲教育的重點，近年來，國內兩性教育或性別教育，已被高唱入雲。女性主義學者視教育爲一種轉換的重大力量。經由教育，在近程上，破除傳統性別的刻板印象，不至於再製傳統性別分工，女性主義學者去審視課程、教材，發現教育極易成爲傳統性別分工的打手，「爸爸早起看書報，媽媽早起忙打掃」之內容，應該澈底揚棄；在中程上，女性主義學者更強調要把各式性／別剝削的事實，予以揭露，使學生持性別警覺的立場，

全球化主義

　　批判教育學的訴求重點不侷限於涉及不同文化間的不公平現象，它也擁護在不同文化、政治單位之間，能重新以一套新視野來建立合乎公平世界秩序的必要性。有些致力於營造全球公民社會的學者疾呼，國與國之間應放棄不當競爭所導致偏頗病態的破壞現象，諸如環境汙染、貧富差距、戰爭等等。[46]

行為主義

背景

　　20 世紀中葉以來，影響教育最深遠的莫過於行為主義。行為主義本來只是一個心理學領域的理論，然而它超越了心理學的範圍，而發展成一個全面的教育理論。行為主義作為一種教育立場，被一些珍視科學方法與所謂「客觀性」，自喻為「現代人」的學者所重視，就好像商業社群重視看得到的價值、立即性的結果、效率與經濟一樣。

　　行為主義主要根源於三種意識型態。第一是哲學上的實在論。行為主義特別重視實在論的「自然律則」。人，在行為主義的眼中，是自然的一部分。所以，是依照自然的律則運作。至於實體，不是行為主義重視的對象。簡單說來，行為主義著重在有機體的探討，包括人類在內。他們希望發現人類行為的通則，以為掌握人類行為的技術奠基。

　　第二是實證論（positivism）。[47] 實證論是由法國社會學家孔德

去審視有關性別涉及的人權、公私領域資源分配等議題；在遠程上，重新打造各種多元邊陲的聲音，轉換成積極的力量，融入課程教材中，使同志、單親……等有別於傳統甜蜜家庭的多元家庭也能成為主流的一環，不致成為異性戀主流價值下的邊陲，真正促成多元性／別平權社會的到來。

（Auguste Comte, 1798-1857）所提出。孔德將人類知識的歷史發展分成三個階段，各代表了人類不同的思考過程。最原始的階段是神學階段，人們企圖以精神或神來解釋事物；第二階段是形上學階段，人們以本質、成因、內在原則等來解釋事物，哲學的知識正是此種類型；第三階段是實證階段，人們重視觀察與可測量的事實。孔德企圖發展一個社會的科學，行為主義的學者承襲了這一立場，他們反對任何不能測量的本質、情感、內在成因等等。[48] 行為主義的方法論是以實徵的檢證為核心。

第三個行為主義的根基是唯物論（materialism）。唯物論的理論要旨是以物質與運動的律則來解釋實體，它反對任何訴諸心靈、精神、意識的信念。這些在唯物論看來，只不過是前科學時代的糟粕罷了。

俄國心理學家巴夫洛夫（Ivan Pavlov, 1849-1936）的制約反應實驗，為行為心理學發端。巴夫洛夫發現，透過食物與鈴聲的配對，可以使狗聽到鈴聲就流口水。行為學派之父華生（John B. Watson, 1878-1958），承襲了巴夫洛夫，認為人類的行為是一種制約反應，他認為心理學應該停止對人類思考、感覺的研究，轉而重視人類行為的研究。對華生而言，環境塑造了人類的行為。他曾說，給我一打健壯的孩子，我將能使他們日後成為工程師、律師、醫生……。華生這種極端的看法，被「教育萬能論」的學者所宗。

當然，影響行為學派最鉅的仍算是史欽那（B. F. Skinner）。史欽那將行為主義澈底的帶入教育領域內，行為塑造（behavior modification）、教學機（teaching machines）、編序學習（programmed learning）等都是具體的例子。他的重要著作如《科學和人類行為》（*Science and Human Behavior*, 1953）、《超越自由和尊嚴》（*Beyond Freedom and Dignity*, 1971）（臺印本名為《行為主義的烏托邦》），以及《桃源二村》（*Walden Two*, 1948）。或許在《桃源二村》中所建構的行為主義的社會烏托邦，是他最深遠的影響。史欽那也是 20 世紀最受爭議的思

想家之一，他拒斥了傳統賦予人類自由與尊嚴的概念，並且也指出少數人得以控制大多數人的事實。這種情形就像是歐威爾（George Orwell）在《一九八四》一書中所描繪的情景。然而，史欽那正視了人類受制於環境的事實，他希望能運用行為技術的各種原理原則塑造人類，使人類得以在日益複雜科技的律則影響中，盡最大的機會存活，而不是讓此律則恣意影響人類。以此觀點，行為技術操縱人類，仍有其積極意義。

從以上對行為學派淵源簡短的討論中，我們可以看出行為學派實植基於自然科學的假定中。行為主義學者企圖去發展人的科學。然而，史欽那卻指出，「行為主義不是人類行為的科學，而是人類行為科學的哲學。」[49] 史欽那提醒我們認清一點，即所有的科學都有其哲學假定，而此一假定有助於理論的形成，但也會限制其發展。所以，教育工作者想要落實任何理論於教育實務時，必須先認清這些理論之假定所在。

行為主義的教育原理

人類雖然是高等發展的動物，但一些基本的學習方式與動物無異

對行為主義而言，人類不在自然之上，也不在自然之外。人也無涉於超自然的存有（神），人是自然的一部分，而不是自己自成一格。史欽那說：「在每個人的肌膚之下，都涵蓋了宇宙的一小部分。所以，人有其特別的身體狀況，因為他就在自然之中。」[50] 人是複雜的自然有機體，是動物國度的一部分，沒有所謂特別的尊嚴或自由。行為主義同意進化論的論調，並以此作為心理學研究的架構。

行為主義的心理學就是要掌握行為的律則。所有的動物都有相同的律則，所以科學家可以透過較低等的動

> ✦ 行為主義的心理學就是要掌握行為的律則。所有的動物都有相同的律則，所以科學家可以透過較低等的動物，像兔子、鴿子等來發現人類學習行為的規則；根據對動物的實驗，來改良教學的技巧，以適用於人類。

物，像兔子、鴿子等來發現人類學習行為的規則；根據對動物的實驗，來改良教學的技巧，以適用於人類。

教育是行為工程的過程

依照行為學者的觀點，人類的行為受制於其環境。當他們做了一些事，經由增強而強化，經由處罰而消弱。這種正負增強塑造了人類的行為。所以透過對環境增強的布置，就可以塑造人類的行為。教育正是要創造有利的學習環境，以塑造可欲的行為。學校教育或是其他教育機構正可視之為文化的設計者。

史欽那以及其他行為學者都認為環境的制約與設計是教育和學校的一部分，他們更關切運用學習的律則去掌握個體，從而提升人類生活的品質，延續人類的生命。[51]

教師的角色是創造有利的學習環境

史欽那等心理學家多年來一直呼籲教室實際的改進，史欽那指出大多數的學校最缺乏的就是正增強的提供。傳統教育傾向於應用嫌惡的控制型態，例如，體罰、申斥、多量的作業、強制勞動、撤回權利，以及打擊學生信心的考試。其實，只要運用良善的正增強，就可以免除學校令學生嫌惡的情境，從而使學生不致在學校作白日夢、打架滋事，甚或逃學、輟學等。

史欽那主張，學生日常生活的學習，是經由他們行動的結果。老師的任務就是要布置良善的學習情境，當學生出現可欲的行為時，即給予正增強。未獲增強的行為，在控制的環境中，會逐漸的消弱。

歐茲曼（Harold Ozmon）和卡雷佛（Sam Craver）曾經歸納了在教室中行為塑造的流程，值得引述：

(1) 界定可欲的行為，以及何者是待改變的行為，並確定測量的方法；(2) 排除足以干擾學習環境的刺激，布置最適合學習的環境；(3) 當可欲行為出現後，選擇適當的增強物；

(4) 當可欲行為出現時，必須立即增強，才有助於行為的塑
造；(5) 當可欲之行為已有初步的型態時，逐漸減弱增強的次
數；(6) 評估結果，以及對未來發展的再評估。[52]

　　由以上的摘述中可以看出，行為主義心目中有效的學習環境，包括
行為目標與正增強的提供兩大核心概念。為了幫助老師在教授複雜量多
的課程時，也能夠隨時運用增強原則以維持學生學習興趣，史欽那以及
其他行為學者致力將教材編成連續性的小單元，學生完成這些單元目標
後，即可立即獲得增強。盡可能的把教材細分化，學生在完成每一個單
元的過程就會縮短，那學生就可獲得更多的增強。教學機與編序教學都
是行為主義學者循上述理念應用在教育上的具體成果。

教育的核心價值應建立在有效、經濟、精確與客觀之上

　　上述的價值一則是導因於行為主義學派的哲學觀，再則也受到商業
重客觀實效的影響，使學校並存於此現代文化下。行為技術應用在系統
處理、廣告與銷售上，成效卓著。這使得商界希望學校能運用行為主義
之技術以儲訓人才，也促使教育學者更重視「績效」（accountable）。
績效責任運動（accountability movement）正是希望能以學習者的成果
作為指標，賦予教學工作重任。這種觀點使學校工作者更為重視商業處
理技巧，也刺激人們以客觀量化的方式去評估學校教學成果。＊

　　對行為主義最嚴厲的批評是他們把教育的過程看得太簡化了，並且
等同了教育與訓練操弄的意義。適用於商場上的技巧，對完整的兒童教
育而言，仍嫌不足。

＊ 我國近年來追求「百大」，教育部也是以類似的觀念去追求大學卓越，「五年
五百億」，即為顯則。論者也指出，過度從績效責任的角度看待教育成效，也
會扭曲了教育的本質，批判教育學的部分學者認為教育追求績效，可能會複製
了資本主義、全球化主義的商業邏輯，不可不慎。而在全球化的競爭下，其實
也就是向西方強勢文化看齊，可能會喪失文化的主體性，同學們可以此省思教
育現貌。

教育的無政府主義：反學校宣言 [53]

　　至 1970 年止，西方教育學者大致同意，2,500 年來，以及近 150 年來的各種教育改革中，學校教育對啓智大眾的功能所在。然而，1970 年代卻另有一種教育方案超出了教育改革的範圍，進入了教育革命的領域。首先是由伊利希（Ivan Illich）出版《沒有學校的社會》（De-schooling Society）一書發其端。伊利希的社會秩序立場是「反機構化」（anti-institutionalism）與「反建置化」（disestablishment）。他認爲「機構化」會壟斷了其他有利的機會與服務，而採取一種固定的方式去滿足人類的需求。

　　伊利希認爲學校制度是人類美好生活的敵人，它教化所有年輕人誤以爲機構的模式是一個理想的形式，他說：

> 　　學生被「學校化」（schooled）了，以至於把教與學、年級提升與教育、文憑與能力、巧言與創意論述之能力，全混淆了。學校化後的學生在思考問題時，不是基於其價值，而是根據所受之服務。學生們誤將醫療服務等同於健康保健，社會工作等同於社區生活之改善，警政工作等同於人身安全，軍事防衛等同於國家安全，激烈競爭等同於生產工作。[54]

> ✦反學校化宣言要求廢止學校的建立，並取消所謂的「義務教育法」。

　　反學校化宣言要求廢止學校的建立，並取消所謂的「義務教育法」。伊利希等贊同建立一種「教育憑證」（vouchers）＊或是「助學金制度」

＊　伊利希「教育憑證」之觀念，是指在沒有學校的社會，可以考慮核發，人們利

（tuition grants）的制度，如此教育的經費可以直接有助於受益人，受益人也可以決定應如何花費這些錢，以獲得他們所需的知識。伊利希對於一個良善的教育體制，有如下的描述，他說：

> 　　教育制度有三個主要目標：第一，它應提供管道，讓所有想學的人，都能在他們一生的任何時刻，獲得有用的資源；第二，要使所有希望與他人分享自己知識的人都能找到想從他們那裡學到知識的人；第三，要使任何想要提供一己洞見者，皆有機會提出其觀點。[55]

　　在沒有學校的社會中，爲了使人們能得到教育，伊利希建構了他所謂四個「學習網」（learning webs），或是「教育網絡」（educational networks）。透過這些網絡，學習者將能與教師、其他學習者及學習工具接觸。伊利希認爲這些學習網絡有助於教育目標、技術交換、同儕相互配合，也最有利於服務教育工作者。**[56]

　　用此一教育憑證而進入各種學習中心或向特定的人學習。近年來，美國由於公立學校績效不彰，不敵私立學校，但是私立學校收費昂貴，並非每人都唸得起。有部分學者也提出「教育券」（voucher）的理念，意指由政府發給人民教育券，一般人可據以抵付私立學校的高額費用，符合人民自由選校的理念。在1990年代的蓋洛普教育民意測驗中，都有關於教育券的民意調查結果。一般而言，由於涉及種種財稅問題，並未普遍實行。其意義與伊利希「教育憑證」之用語，並不完全一樣。

** 伊利希所提的四種教育網絡是：(1)教育用品服務網絡；(2)技能交換網絡；(3)夥伴選配網絡；(4)專職教育工作者網絡。大體上，伊利希認爲現有的學校制度，不僅花費不在刀口，而且也形塑了資本主義科技社會的消費導向，從而造成惡性循環。科技愈進步，導致的專業分工反而疏離了人們對科技的掌握，使技術永遠爲優勢者所掌控，學校教育已成爲文憑的追逐。學習網絡的概念，正可以扭轉此一現象，它可使錢真正花在刀口上，作更有效的運用。同時，提供更恰當的技術給人們，在此種模式下，人們不會追逐對學校的虛假依賴，也不會在日益進步的科技中失去了自我，而能真正掌握技術，重構人類幸福的遠景，澈底的從科技的異化中走出。千禧年之後，E化時代澈底來臨，伊利希的

　　伊利希等認為，反學校宣言是解決社會教育問題及社會不公平的良方。不過，批評者卻認為該方案根本是「空想」（pipe dream），認為伊利希根本就是一個神祕主義者。

　　迄 1990 年代，反學校化聲音並沒有進一步擴大。我們之所以仍在此加以討論，是因為這仍是教育實施的可能方式之一，而且反學校化理念未來也有可能再度復甦。

在家教育

　　「在家教育運動」是 1990 年代及千禧年之後最為蓬勃發展的教育現象之一。根據全美家庭教育研究院（National Home Education Research Institute）的調查，在 2002-2003 學年間，全美從幼稚園到高中學生中（K-12），有 170-250 萬左右的學生是接受在家教育（約占 K-12 全部學齡生的 3-4% 左右）。三年前，大概是 130-170 萬之間，1994 年則僅有 100 萬左右的學生是在家進行教育。在家教育已是美國最快速成長的教育方案之一。[57]

　　雖然擁護在家教育的學者和家長由於其子弟的需求而反對制式的學校教育，不過，在家教育運動卻也不是直接受到「反學校化」理念的影響，並不受伊利希激進的反機構論的理念所左右。在家教育論者毋寧是希望保有一個有別於學校，由家庭掌控教育的課程選擇，以維繫其形上學、知識論、價值論的特定立場。

　　許多在家教育的實行者是基督教徒，但父母們選擇在家教育有許多的原因，不僅僅只是宗教因素。其中的重要因素是父母可掌控對孩子最

　　許多觀點，都已反映在當今的網路世界裡，至於能否從科技的異化中走出，恐怕未必。

好的課程進度，可據以根據子弟個人的特性來安排學習，較諸學校更爲有效。當然，許多人也會視安排同儕影響爲在家教育的主要優點。

在家教育人士會串連各地所支持的團體，共享彼此的活動與經驗。由於在家教育快速成長，部分市場人士也鎖定相關的教育需求，擴展商機。

結論

本章所介紹的各種教育理論與第 3 至 5 章的哲學研討不盡相同，教育理論通常是由實際教育問題所促發，而不是經由哲學問題。所以，雖然每一個教育理論都植基於形上學、知識論與價值信念，但是教育理論家們並不用哲學用語來說明。教育哲學的功能之一，就是要喚醒每一位教育工作者認眞的去檢討教育理論背後的哲學假定，並提供教育工作者一概念工具去評估這些理論。

當代的教育理論已經改變了 20 世紀的教育面貌。由於浮現了這些理論，才在文獻上、學校裡，出現許多教育的論戰。教育理論，無論是在專業學界，或是一般大眾，都普遍的帶動了許多教育實驗。懷德海（Alfred North Whitehead）曾經說過，西方的哲學都只不過是柏拉圖的註腳——不論是贊成他，或反對他。同樣地，在 20 世紀教育理論裡，進步主義所致力的教育立場實居於核心，它引起了各種對教育基本問題與教育實務不同的探討。而且，由於進步主義的催化，當代教育理論已不限於在學院裡的學術探討，它也吸引了大眾的普遍關切。教育理論家們所關切的各種教育觀念與實務，深深的吸引了大眾。

② 討論問題

一、進步主義、人本主義對教育最重要的貢獻爲何？爲什麼？

二、時序邁入 21 世紀，永恆主義最彌足珍貴的是什麼？最跟不上時代的是什麼？爲什麼？

三、請說出你對精粹主義的第一印象？精粹主義者忽略了什麼？

四、請省思重建主義、未來主義、批判教育學等之主張，其重要的貢獻爲何？有什麼缺失？

五、行爲主義的看法最適用何處？問題何在？爲什麼？

六、請比較及對照反學校化及在家教育運動的主張。

② 註釋

1. 有關進步主義在教育的發展史，見於 Lawrence A. Cremin, *The Transformation of the School: Progressivism in American Education, 1876-1957*(New York: Vintage Books, 1964).
   也見 Arthur Zilversmit, *Changing Schools: Progressiue Education Theory and Practice, 1930-1960* (Chicago: University of Chicago, 1993).

2. Allan C. Ornstein, *An Introduction to the Foundations of Education* (Chicago: Rand McNally College Publishing Co., 1977), p.204.

3. Kathe Jervis and Carol Montag, eds., *Progressive Education for the 1990s: Transforming Practice* (New York: Teachers College Press, Columbia University, 1991), p.xi.

4. John Dewey, *The School and Society*, rev. ed. (Chicage: University of Chicago Press, 1915), p.37.

5. John Holt, *Freedom and Beyond* (New York: Dell Publishing Co., Laurel Edition, 1972), p.10.

6. Herbert R. Kohl, *The Open Classroom: A Practical Guide to a New Way of Teaching* (New York: New York Review, 1969), p.20.

7. Jonathan Kozol, *Free Schools* (Boston: Houghton Mifflin Co., 1972), p.14.

8. Bonnie Barrett Stretch, "The Rise of the 'Free School'," in *Curriculum: Quest for Relevance*, 2d. ed., ed. William Van Til (Boston: Houghton Mifflin Co., 1974), p.113.

9. William Glasser, *Schools Without Failure* (New York: Harper & Row, Perennial Library, 1975), p.14.

10. 羅馬天主教的學者馬瑞坦在《教育的十字路口》中曾經指出，進步主義是方法有餘，而目的不足（12-14 頁）。值得注意的是永恆主義的另一健將阿德勒在 1982 年的《派代亞宣言》中，比其他永恆主義學者稍微推崇了杜威的貢獻。不過，阿德勒對進步主義的參考，仍僅在於選擇有助於拓展其學說要旨的觀點。

11. Robert M. Hutchins, *The Learning Society* (New York: New American Library, 1968), p.165.

12. See Mortimer J. Adler, *The Paideia Proposal: An Educational Manifesto* (New York: Macmillan Publishing Co., 1982); Mortimer J. Adler, *Paideia Problems and Possibilities* (New York: Macmillan Publishing Co., 1983); Mortimer J. Adler, ed., *The Paideia Program: An Educational Syllabus* (New York: Macmillan Publishing Co., 1984).

13. Hutchins, *The Learning Society*, p.114.

14. Robert M. Hutchins, *The Conflict in Education* (New York: Harper and Brothers, 1953), p.68.

15. Hutchins, *The Higher Learning in America*, p.66.

16. Mortimer J. Adler, "The Crisis in Contemporary Fducation," *Social Frontier 5* (February 1939): 144.

17. 見赫欽思《高等教育在美國》，78-79 頁。不過，偉大經典的研讀是在高等教育層次，而不是在小學。即使永恆主義學者很熱衷在大學與高中階段，倡議閱讀經典，在阿德勒的《派代亞宣言》中，仍然指出在數學與文法等的學習中，以教科書作爲一種學習工具仍然是必須的。

18. 引自 Henry J. Perkinson, *The Imperfect Panacea: American Faith in Education, 1865-1976*, 2d ed. (New York: Random House, 1977), p.93.

19. National Commission on Excellence in Education, *A Nation at Risk: The Imperative for Educational Reform* (washington, DC: U. S. Government Printing Office, 1983), p.5.

20. lbid., p.24.

21. 這些驚人的觀點，實受到晚近回到基本運動的鼓舞，見 Beatrice and Ronald Gross, eds., *The Great School Debate: Which Way for American Education?* (New York: Simon & Schuster, 1985); William W. Wayson et al., *Up from Excellence: The Impact of the Excellence Movement on Schools* (Bloomington, IN: Phi Delta Kappa Educational Foundation, 1988).

22. Jerry Falwell, *Listen, America!* (Garden City, NY: Doubleday & Co., 1980); Tim LaHaye, *The Battle for the Mind* (Old Tappan, NJ: Fleming H. Revell, 1980); James C. Carper, "The Christian Day School," in *Religious Schooling in America*, eds., James C. Carper and Thomas C. Hunt (Birmingham, AL: Religious Education Press, 1984), pp.110-129.

23. E. D. Hirsch, Jr., *The Schools We Need and Why We Don't Have Them* (New York: Doubleday, 1996), pp.58, 2.

24. E. D. Hirsch, Jr., *Cultural Literacy: What Every American Needs to Know,* updated and expanded ed. (New York: Vintage Books 1988), p.xiii; Hirsch, *The Schools We Need*, 13.

25. Christopher J. Lucas, ed., *Challenge and Choice in Contemporary Education: Six Major Ideological Perspectives* (New York: Macmillan Publishing Co., 1976), p.14.

26. George F. Kneller, *Introduction to the Philosophy of Education*, 2d ed. (New York: John Wiley & Sons, 1971), pp.60-61.

27. George S. Counts, *Dare the School Build a New Social Order?* (New York: John Day Co., 1932), pp.28-30.

28. Lucas, *Challenge and Choice in Contemporary Education*, p.326.

29. Counts, *Dare the School Build a New Social Order?* p.28.

30. Theodore Brameld, *Education for the Emerging Age* (New York: Harper & Row, 1961), p.25.

31. Alvin Toffler, *Future Shock* (New York: Random House, 1970), p.353.

32. Ibid., p.354.

33. Ibid., p.357. For more on Toffler's educational ideas, see Alvin Toffler, ed., *Learning for Tomorrow: The Role of the Future in Education* (New York: Vintage Books, 1974).

34. 比較 George R. Knight, "The Transformation of Change and the Future Role of Education," *Philosophic Research and Analysis*, 8 (Early Spring, 1980), pp. 10-11.

35. Alvin Toffler, *Power Shift: Knowledge, Wealth, and Violence at the Edge of the 21st Century* (New York: Bantam Books, 1990), p.360.

36. Harold G. Shane, *The Educational Significance of the Future* (Bloomington, IN: Phi Delta Kappa, 1973), pp.83-91.

37. See, e.g., Jose Miguez Bonino, *Doing Theology in a Revolutionary Situation* (Philadelphia: Fortress Press, 1975); Gustavo Gutiérrez, *A Theology of Liberation: History, Politics, and Salvation*, rev, ed. (Maryknoll, NY: Orbis Books, 1988); James H. Cone, *A Black Theology of Liberation*, 2d ed. (Maryknoll, NY: Orbis Books, 1986).

38. Peter McLaren, *Life in Schools: An Introduction to Critical Pedagogy in the Foundations of Education*, 3d ed. (New York: Longman, 1998), pp.183, 186, 188, 189.

39. Ibid., p.xiii, See also Giroux, *Pedagogy and the Politics of Hope*; Ira Shor, *Empowering Education: Critical Teaching for Social Change* (Chicago: University of Chicago Press, 1992).

40. Kincheloe, *Toward a Critical Politics of Teacher Thinking*, p.48.

41. Giroux, *Pedagogy and the Politics of Hope*, p.221.

42. Howard Ozmon and Sam Craver, *Philosophical Foundations of Education*, 7th ed. (Upper Saddle River, NJ: Merrill Prentice Hall, 2003), p.222.
   本書已由劉育忠譯出,《教育哲學》(五南,2007 年出版),本著作也算是代表性的美國教育哲學教科書。

43. Zahorik, *Constructivist Teaching*, pp.11-12.

44. Christine E. Sleeter, *Multicultural Education as Social Activism* (Albany, NY: State University of New York Press, 1996), p.2.

45. Nel Noddings, *The Challenge to Care in Schools: An Alternative Approach to Education* (New York: Teachers College Press, Columbia University, 1992).

46. 有關全球化主義對教育的討論,見 Joel Spring, *Education and the Rise of the Global Economy* (Mahwah, NJ: L. Erlbaum Associates, 1998); Joe Spring, *How Educational Ideologies Are Shaping Global Society* (Mahwah, NJ: L. Erl-

baum Associates, 2004).

47. 有關實證論的部分,將在第 7 章詳細介紹。

48. 有些作家批評行為主義建立在實證知識的基礎上,誤導了人們致力於技術的假相中。

49. B. F. Skinner, *About Behaviorism* (New York: Vintage Books, 1976), p.3.

50. Ibid., p.24.

51. 行為主義的批評者也不懷疑這種行為工程的力量。他們也同意,只要人們以一種動物的層次生活,就可以運用行為的技術來加以控制。行為主義學者與其他教育理論學者的不同點在於爭論是否人類能夠超越動物的層次。此外,行為主義的批評者也特別重視到底是誰掌握了環境的控制者。

52. Howard Ozmon and Sam Craver, *Philosophical Foundations of Education* (Columbus, OH: Charles E. Merrill Publishing Co., 1976), p.149. 本書新譯本見註 42。

53. 我在這裡借用了歐尼爾(William F. O'Neill)所創用「教育的無政府主義」之名稱。歐尼爾說:「教育的無政府主義之觀點,在於支持廢止所有機構對於人類自由的枷鎖,使解放後的人類潛能得以完全的展現。」(*Educational Ideologies: Contemporary Expressions of Educational Philosophy* [Santa Monica, CA: Goodyear Publishing Co., 1981.], p.287)無政府主義者視外在的政府是邪惡的溫床,這種外在的控制一旦廢除,一切就會美好。由上可看出,歐尼爾所界定的教育的無政府主義之名稱,頗能代表伊利希的反學校化宣言。

54. Ivan Illich, *Deschooling Society* (New York: Harper & Row, 1970), p.1. 也可參考 Ivan Illich et al., *After Deschooling What?* (New York: Harper & Row, Perennial Library, 1973),從許多不同的觀點評論反學校化宣言。

55. Ibid., p.75.

56. Ibid., pp.76-79.

57. 資料來自 National Home Education Research Institute (www.nheri.org).

Chapter 7

分析哲學與教育

　　分析哲學可以看成是對傳統哲學目標與方法的一種反動。它並不是一個哲學派別，而是強調「做哲學」（doing philosophy）的一種取向。在 20 世紀，這種取向的哲學盛行英語系世界。影響所及，在英倫與美國，許多學者都以分析哲學之觀點去討論哲學與教育之問題。研習教育哲學的學生們在這種背景下，也就很自然的熟諳分析的法則與方法論。

　　分析哲學在教育哲學的影響力於 1960 年代到 1970 年代達到高峰。1980 年代，受到新哲學思潮的衝擊，分析的教育哲學開始走下坡。由於受到 1960、1970 年代的強勢影響，分析的方法在教育哲學領域中，依然有其著力之處，學子們仍然熟悉分析的原理與方法論。當然，正用或誤用的情形，也屢見不鮮。本章首先要檢視分析哲學的歷史發展。接著，我向讀者簡單介紹 1980、1990 年代，分析哲學的修正趨勢。

哲學的分析運動

　　分析哲學運動，並不像我們曾經提到的觀念論或實用主義，它並不是一個系統的哲學。分析哲學對於形上學、知識論或價值論的陳述，並不感興趣。相反的，它認為傳統哲學這種寬廣、不著邊際的陳述適足以造成人們觀念的混亂。分析哲學家們聲稱，傳統哲學所探討的問題，如終極實體、眞理、價值等問題並不是眞正的問題，而是語言和意義之誤用所造成。由於語言使用的不精確與意義的曖昧，乃造成了哲學混淆的根源。我們許多哲學上之問題，正是由於對語言使用的「輕忽」（sloppy）。

　　因此，分析哲學家們所採取的路線與思辨式的（speculative）、規範的（prescriptive）與綜合式的哲學立場截然不同。他們並不發展哲學理論。[1] 分析哲學家們彼此的看法也並不一致，他們共同關注的是語言

> ✦ 分析哲學家們彼此的看法也並不一致，他們共同關注的是語言的邏輯探究與語言誤用的情形。他們共同的主題可以用「澄清」（clarification）一詞代表之。

的邏輯探究與語言誤用的情形。他們共同的主題可以用「澄清」（clarification）一詞代表之。維根斯坦（Ludwig Wittgenstein）在《邏輯哲學論叢》（*Tractatus Logico-Philosophicus*）此一名著裡，也揭示了分析哲學之目標：

- 哲學的目標是在於對思想的邏輯澄清。
- 哲學並不是一組學說，而是活動。
- 哲學並不是要產生許多哲學命題，而是要去澄清命題。
- 哲學思想不應是曖昧不清的，其工作正是要使之清楚，並且清楚界定哲學範圍。[2]

　　許多分析哲學家們認爲，純粹知識是科學的工作，而非哲學。哲學的角色應定位在批判式的澄清之上。

　　就某一角度而言，分析哲學遠溯自希臘時代。蘇格拉底就已經非常注意術語與概念的正確了解。亞里斯多德也擅於清楚界定其所用的字。但從另一方面而言，分析哲學是 20 世紀的特有現象。或許，兩者的區別在於方法與目的。在 20 世紀前，分析是澄清語言的方法，其目的在使哲學命題能被了解。所以，他們重視語言的使用，以便能更有意義的描述實體、眞理等。晚近的分析哲學則不然，他們將語言本身的正確使用即視爲目的，並不製造哲學命題，而專注在對別人所下陳述的澄清。

　　當代的分析哲學深受語言分析（linguistic analysis）與實證論（positivism）的影響。語言分析於 20 世紀初在英倫發展。羅素（Bertrand Russell）和懷德海（Alfred North Whitehead）在 1910-1914 年出版了三鉅冊之《數理原則》（*Principia Mathematica*），二氏將數學還原成一

種邏輯語言。他們認爲數學具有清楚的邏輯特性，而一般語言的使用卻不然。另一位英倫的學者摩爾（George Edward Moore），所走的路線與羅素、懷德海二氏不同，他認爲語言分析的對象應該是日常的語言和一般常識，而不是科學數理語言。當然，影響分析哲學最大的，仍首推維根斯坦，他在 20 世紀初出版的《邏輯哲學論叢》，受到其老師羅素的影響。而維根斯坦也影響到了維也納學圈（Vienna Circle）的實證哲學。

　　分析哲學的另一個淵源是實證論。19 世紀法國實證論者，在孔德（Auguste Comte）的領導下，認爲知識應建立在感官及客觀科學的探究之上。所以實證論把知識限定在可觀察事實及其相互關係之陳述，而深深反

> ✛ 法國實證論者，在孔德（Auguste Comte）的領導下，認為知識應建立在感官及客觀科學的探究之上。

對形上學或者是未能經由實徵檢證之世界觀。這種反對任何超越人類感官之實體的態度，廣泛的影響了當代思潮，諸如實用主義、行爲主義、科學自然主義（scientific naturalism）及分析哲學。實證論也成爲 20 世紀維也納學圈的重要論點。該集團是由一群對哲學有興趣的科學家、數學家及符號邏輯學者所組成。維也納學圈視哲學爲一種科學的邏輯，他們的思想模式被稱爲邏輯實證論（logical positivism）。學圈的主要目標是企圖爲所有的科學尋求共通的術語系統與概念系統。由於這種立場，使得學圈無法接受傳統哲學的論證。他們一方面致力研究特定科學之語言；另一方面又致力於一般語言之分析，企求能發展出一套共通的科學語言。所有的實證論者都有一個很堅實的假定，那就是人類的觀察能夠對探究的事物保持中立的態度。他們也很重視嚴格的經驗檢證原則。由於過分重視檢證，實證論者排除了任何不能檢證的命題，這也適足構成了其缺失。因爲，事實顯示，有許多科學本身的基本假定，就無法運用實證論者標榜的檢證原則去檢證。

　　我們必須注意，分析哲學是一個哲學運動的統稱，它包含了諸如

邏輯實證論、邏輯經驗論（logical empiricism）、語言分析、邏輯原子論（logical atomism）以及牛津學派等。*

分析的教育哲學

　　我們從分析哲學發展的背景中可看出，分析哲學在教育上所扮演的角色，迥異於一般哲學學派與教育事業的關係。皮德思（R. S. Peters，一位傑出的英倫教育分析學者）曾經指出，長時間以來，教育哲學一

---

*　對大部分選習教育哲學的師範生或一般大學生，可能並沒有完整的哲學訓練，不免被這些學派所惑。大體上，分析哲學運動從批評傳統哲學開始，認爲傳統哲學所處理的形上學用語很多失之籠統，無法檢證。例如，柏拉圖說世界是觀念所構成，現象界的種種都是虛幻。分析學者認爲從語言著手，可以發現原來的許多哲學問題都是「假問題」。分析學者把命題分成兩類，第一類是一種約定的符號，例如邏輯、數學等。是源自我們對「1」「+」等符號之約定，皮阿諾的五大公設即爲例證。易言之，這一類型的命題若遵行其運算的約定意義，或是符合邏輯的推論則爲眞，否則爲僞；另一類型的命題則必須透過實證經驗的驗證，諸如明天是否會下雨，許多自然科學的命題均爲此類。以上兩類命題，都可以判定其眞僞，都具有認知上的意義，這是「邏輯實證」一詞的意義。所謂檢證原則，正是要檢查哲學語句的意義，凡是不屬邏輯、實證兩類命題者，均不具有認知的意義，例如「你應該誠實」（倫理語句），只是表達個人的情緒而已。在邏輯實證論的檢證原則下，許多傳統哲學的內容都被判定爲不具認知意義。很明顯的，這種主張相當獨斷，因爲許多倫理學、美學、宗教等的領域都被排除在哲學領域之外，這使得分析哲學受到相當大的質疑。後期分析哲學逐漸修正了前述主張，他們仍是從語言出發，但是他們並不妄想爲人類語言科學化，而是從人們的日常語言出發，重新掌握語言與實體（reality）的關聯，並重構人類生活的意義，在後期維根斯坦以及英國的牛津學派等，都特別重視日常語言的探究。在1980年代後，諸如女性主義、馬克思主義、詮釋學、結構主義方法論的拓展，對於日常生活中各種語言的論述所充斥著種種權力的宰制、剝削、歧視等都有嶄新的探討，廣泛的影響社會科學。而隨著電腦科技、認知心理的突破發展，「心靈哲學」（philosophy of mind）也逐漸嶄露其重要性，它結合了神經生理、認知心理、電腦程式，以及語言學的種種知識，重新詮釋人類認識外在世界的歷程，勢必成爲21世紀哲學的重心。希望以上的簡要說明，能讓讀者更能體會分析哲學在20世紀承先啓後所扮演的角色。

直被認爲應該形成一種高層次的導引，以指導教育實務，形成學校組織。[3] 換句話說，傳統的教育哲學（如本書前面幾章所談論的），主要是根據各學派哲學對終極實體、眞理與價值本質的探討，來發展及描繪教育的目的與實務。這種立場很明顯的與維根斯坦相衝突。維根斯坦在早年的著述中，曾論謂形上學的陳述是「沒有意義的」（nonsense）。

　　討論至此，我們不禁會問，那麼對分析學者而言，到底教育哲學的價值、功能及適用性何在？皮德思曾經指出，分析哲學家們的首要工作是要「用分析的方法……讓教育高層次的導引功能無所遁形（analytic guillotine，直譯爲送上分析的斷頭臺）。」[4] 皮德思和其同僚們指出，教育哲學的角色不在於發展新的主義（ism）或意識型態（ideology），而是幫助我們更進一步的了解現存觀念之意義。經由此種澄清，學生、父母、教師、行政人員乃至社會均蒙受其益，教育的過程也會透過不斷的澄清，而變得更有意義。分析哲學家們認爲許多教育的問題其實是語言的問題。只要我們解決了語言的問題，我們就能對許多教育問題作更好的處理。

　　分析的教育哲學家們也同樣認爲許多教育的陳述是沒有意義的。柯密撒（B. P. Komisar）曾經分析需求（need）的概念，頗能彰顯教育分析的特色，他說：*

---

* 原書是引夏米斯（S. Shermis）之文，是在英文的語境中，譯者認爲對初學者，比較不容易掌握，故轉引另一美國當年之名分析學者柯密撒對「需求」之例說明，比較容易理解分析學者之旨趣。原書引夏米爾斯原文直譯如下：
分析學者也許會很留意下面典型的陳述，「教師應該爲學生提供眞實生活（real-life）經驗」，或「課程應該建立在像眞實生活般的（lifelike）情境」。首先，這些陳述應被視爲規範性（prescriptions）陳述，表明某人應該如何云云，而不是描述性（descriptions）陳述。再者，我們應該檢視「眞實生活經驗」和「像眞實生活般」兩個描述性語詞，並確定其涵義。「生活」（life）一詞意指「人類所有的活動」。然而，在「人類生活中的一項活動是依情況改變動詞的形式（conjugating verbs）」的陳述中，「依情況改變動詞的形式」並沒有被我們當作人類眞實生活中的一項活動，這是因爲「文法練習」（grammatical exercises）並不被視爲是「像眞實生活般」。但如果「文法」是

　　我寫作本文的意向，不在於增添更多的混亂，或者在學生需求的單子上面添列新的項目。我只是要檢討，當我們說學生需要這個或那個的時候，我們真正的意思是什麼。也即是要研究「需求」一詞在教育領域的用法。[5]

　　柯密撒的例子說明了有太多訴諸情緒性、模糊的口號（slogans）充斥，反而混淆了有意義、精確的術語。很不幸的，教育也被許多不精確的陳述與口號搞混了。分析哲學家們的努力之道正是要將這些語言、概念與目的加以澄清。

> ✦很不幸的，教育也被許多不精確的陳述與口號搞混了。分析哲學家們的努力之道正是要將這些語言、概念與目的加以澄清。

　　從以上的說明我們可以了解，藉著分析哲學澄清的方法，我們可以發現許多陳述或規範是沒有意義的，甚至是誤導的。但是，這只是消極的功能（negative function）。當我們說某某問題根本是假問題時，其實也隱含了積極的意義，只要老師有充分的時間，他也許可以分析出真意義出來。所以，「提供像真實生活般的經驗」（providing lifelike experiences），固然此一陳述顯得模糊，但老師們不需要沮喪而無所適從，可以引發自己更加深入思考如何才能使意義明確。[6]

　　以上所舉的例子並不是典型分析哲學的流程。不過因為這是一個簡明的例子，所以我們予以援引。事實上，從事分析，或是讀分析哲學的著作常是艱難乏味的，許多人因而望而卻步。也有人認為這種分析無補實際。但是不要忘記，數學與科學的進步正是建立在不斷的艱辛努力與精確之上，這是進步的必要條件。分析哲學亦然。

　　「生活」的一部分，它難道不應該被包含在上述兩個規範性的陳述中嗎？」本段譯文，感謝但昭偉教授的協助。

　　分析的教育哲學，不僅僅是澄清教育工作者所使用的語言，也澄清教育工作者的一些概念，以及應用這些概念的過程、基本前提、目標等。雪飛爾（Harry Schofield）的《教育哲學導論》一書，是一本典型的分析哲學取向的教育哲學教科書，其內容圍繞著：「教育的概念」、「訓練的概念」、「兒童中心的概念」，以及「目標」、「文化」、「課程」、「博雅教育」、「制約與灌輸」、「價值判斷」、「價值」、「道德」、「自由與權威」等概念。[7] 以上的內容構成了該書三百頁的篇幅。我不厭其詳的列出該書章節之標題，是希望讀者體會，分析的教育哲學著作與著重「哲學」和「教育」關係的傳統教育哲學取向，或其他非分析取向著作間的個中差異。

　　分析哲學家們不作規範性的陳述，他不告訴老師或學生應該如何或不應如何，他也不針對教育活動作價值判斷。例如，讓我們設想，許多學校當局會建議六年級學生閱讀麥克里蘭讀物（Macmillan Basal Readers），分析哲學家們不會作這樣的建議，他的工作是要去檢視學校當局建議六年級學生閱讀麥克里蘭讀物的好處之意義何在？分析哲學家們不會告訴學生，你應該讀書、你應該思考、你應該學習之類的話，他們關注讀書、思考、學習到底是什麼意思，既不規範教育活動，也不作任何價值判斷。一言以蔽之，分析哲學家們希望透過分析而澄清事物。*

　　此外，部分分析學者著力之處，也使教育向前邁進了一步，那就是發展了一套模式，幫助吾人澄清與組織概念。這些模式，有時在特定的「語言遊戲」（language games）**之中，是很好的策略。分析哲學家們

---

* 早年分析哲學的確反形上學，也認為價值只是情緒，不具有嚴格的認知意義。不過，英美教育分析學者，無論是美國前哈佛大學的謝富樂（I. Scheffler），或是英國倫敦大學的皮德思，都不會主張教育哲學學者不提價值規範的建議，而是不能浮泛的淪為空論，必須要定義清楚，且要有嚴格的論證。也就是當某人提出「X主張」時，分析學者會追問「X」是何意義？為什麼主張「X」？因此，譯者對原作者此論述，持保留態度。

** 語言遊戲是後期維根斯坦的重要觀念，語言不只是靜態的代表事物之名稱，更

所發展的一些理論模式，有助於老師們處理一些特殊問題。因爲分析哲學家們發現，科學家們在從事活動前，都會先建構一個理論的模式，他們認爲如法炮製也會有益於教學。運用模式，將有助於混沌概念的釐清與教育專業的提升。

分析哲學批判

　　分析哲學爲教育哲學開創了許多新頁：它促使教育工作者更敏銳地審視許多教育術語；爲教育研究的專業面提供更精確的基礎；也促成了批判的態度，使教育工作者在面對教育問題、各種口號時，能從既定的成規中走出。教育觀念需要清楚的澄清，過去一樣，未來也一樣，除非我們要使教育專業再淪入定義不清之中。

　　但是，作爲一種教育哲學，如果分析學者們堅持在從事哲學的建構中，「分析」是唯一有意義的方法，那麼分析哲學不可避免的會有下面的缺失：第一，最廣泛的批評是過度窄化了它自己，這使得它無法滿足當代複雜社會、生活與教育的需求。卡本蘭（Abraham Kaplan）在《哲學新世界》一書中，有如下的批評：

　　　　純粹的理性目標與標準正廣泛全面的影響著我們——科學、真理、信念、觀察、推論。而藝術、美感、道德、政治、宗教，很明顯地，被排斥在這最有勢力、方法取向觀點之大門外……對於 20 世紀中葉以降哲學的發展，我深深引以為憾。他們竟然漠視我們周遭生活上的各種問題，戰爭、汙

代表了許多概念間的關係，也與行動交織在一起。透過語言的這種遊戲，維根斯坦生動的描繪語言之本質。在本文中，作者援引此一術語，主要是用來說明，教育的分析哲學所發展的特定模式或語句，能夠描繪特殊之情境。

染、國家主義、核能、太空探險……而鑽入純粹科學與數學
等智性活動的牛角裡。[8]

分析哲學只重視澄清與精確，而遠離了 20 世紀的重要問題，也有學者
認為，分析哲學根本就規避了哲學上一些最基礎的問題。

　　第二種批評是分析哲學混淆了哲學的目的與方法。關於澄清與精確
的研究，一般都視之為哲學技術，更深入的話，或可能使哲學家淪為一
高度技術者。我們不僅要詢問分析哲學家們，澄清了混沌之事物後，我
們要往何處去？同時，如果沒有目的的話，那「將從事的事情分析清
楚」是否就比「一開始行動就錯誤」更有價值？美國有名的教育分析
哲學家梭爾提士（Jonas F. Soltis）也曾指出：「或許，系統的混亂尤勝
於浮面的精確。」[9] 卡本蘭告誡我們，哲學精確的代價可能是哲學智慧
的喪失。[10] 關於哲學目的與方法的混淆，韋德（John Wild）有一個妙
喻，他說：「就好像一個人對於玻璃鏡片上的汙點塵埃很注重，而不在
乎從鏡片中可以看到什麼。」[11] 分析哲學，如果只被視作哲學的唯一
模式，那它與傳統取向的士林哲學也就沒什麼兩樣。士林哲學曾爭論到
底針頭上可站幾個天使，而分析哲學則爭論到底我們應該如何使用「應
該」這個字。[12] 我們必須了解，即使哲學家們不去談論形上學與價值
論的問題，那這個責任會落在他人身上。社會或物理科學家們，會繼續
提出各種有關生命、教育上的陳述與命題。我們絕不能藉著界定哲學探
討的範圍，就把人類的基本問題排除。如果哲學家們不從事哲學，會有
其他的人來做。哲學的「籠統性」（grand manner）會繼續存在。同樣
地，不管有沒有專業哲學家的協助，教育的規範功能也將長存。分析哲
學短視地混淆了方法與目的，將使「澄清觀念命題」通向虛無之路，這
種哲學立場，負面意義實大於正面意義。

　　第三種批評來自分析哲學本身的形上學與知識論預設。一方面，分
析哲學排斥傳統哲學任何訴諸「先驗」（a priori）的假定。但在另一方

面，他們又堅持任何有關事實的描述都必須是科學的語言，而這些命題的檢證也必須透過觀察。事實上，這已經說明了他們的形上立場與唯物論（materialism）、實在論（realism）與實證論相符。對這些哲學立場的批評，也同樣適用於分析哲學。

由於有這些預設上的盲點，分析哲學在 1970 年代末受到嚴苛的挑戰，批判分析哲學最力也曾受分析哲學訓練的學者如羅逖，他用「鏡子」（mirror）來嘲諷分析哲學，只不過企圖反映實體眞實面貌的假定而已。[13]

與羅逖類似的是後現代主義解構論者的批評。解構論者揭露了哲學或文本的許多假定，他們指出，分析哲學本身的主張禁不起哲學的分析，因爲我們不可能不帶任何假定的從事哲學分析。

這些批評又引起批判教育學及女性主義學者對分析哲學的進一步批評。他（她）們認爲分析哲學作爲一種哲學分析的工具，隱藏著科學及男性霸權的預設，這使得其他無力者被安置於附屬的地位。[14]

分析哲學與綜合哲學的互補

不是所有的分析哲學家們都把分析視爲哲學的全部。許多傑出的分析哲學家們都體認到，分析只不過是從事哲學的一種獨特模式，對許多特定的問題，仍有其他模式可資取法。[15] 只不過早期的分析哲學家們並沒有做很好的配合。

或許，要了解「分析」取向與「綜合」（synoptic）取向哲學之關聯，可以看它們如何相交爲用。梭爾提士曾

✦梭爾提士曾經以「並行性」（in tandem）來表示「分析」的與「世界觀」（world-view）取向的哲學兩者的關係。在此關係中，分析的技術可以用來澄清，並更富精確化，使綜合的哲學體系更能被掌握與理解。

經以「並行性」（in tandem）來表示「分析」的與「世界觀」（world-view）取向的哲學兩者的關係。[16] 在此關係中，分析的技術可以用來澄清，並更富精確化，使綜合的哲學體系更能被掌握與理解，梭爾提士說得好：

> 假如我們把分析比喻為顯微鏡的使用（有些人用得很好，有些人則否），那傳統哲學世界觀的建構，也可比喻為天文學上望遠鏡的使用，其目的仍是澄清宇宙。望遠鏡與顯微鏡功用不同，其顯現的結果也有不同。我們不能以其中一種功能去否定另一種，也無法排除它們合作的可能。我所要說的是，雖然分析哲學有相當的限制，但並不像當代許多教育學者所批評的那麼窄化。換句話說，分析與綜合取向的哲學觀並不互相衝突。在永無止境的哲學探索下，這兩種哲學取向可以根據其有利的觀點加以互補，使吾人對複雜教育過程有更好的概念掌握與理解。[17]

分析哲學飽受後現代等之質疑，也促使了一些教育分析哲學家們企圖去把分析及綜合兩立場的教育哲學加以整合。佩瑞特（Richard Pratte）在其《教育哲學：兩個傳統》（*Philosophy of Education: Two Traditions*）一書中，即站在後實證者（post-positivist）的立場指出：

> 教育哲學不能只立基於方法論之上；教育哲學也需要一個規範的基礎。因此，雖然我們提出把教育哲學立基於方法論之上⋯⋯但這只是個開端，而不是我們最終的目的。教育哲學仍然需要規範的層面。[18]

佩瑞特也指出：「分析與規範（也就是綜合的傳統）的傳統，雖被

視為是一互為對立的立場，實共同棲息於我們日常生活嘲諷二元論的社
會實體上。」[19]

　　這些例子說明了分析哲學家們本身也會勇於革命。用佩瑞特的
話，即是「後教育分析哲學規範的復甦。」[20]

結論

　　總之，就分析哲學本身來看，它是不完全的。許多分析哲學家們企
圖從傳統哲學關注的視野中走出，但是他們也無法更有效的說明自己的
立場。假如文明的生活持續著，那對於自然的問題、人類的目的、真理
的本質，仍然會有許多人採取思辨的立場去看待這些問題，再從這些抉
擇中，為社會與學校規範一個遠景。人類必須正視美好的生活，所以哲
學角色的四個立場：綜合、思辨、規範與分析，必須加以整合。任何一
種立場企圖代表整個哲學，都會歪曲了人類對這些基本問題的解答。

　　將分析哲學視為從事哲學唯一可行模式，固然有其嚴重的缺失。但
我們也不應否定分析哲學對於教育的貢獻。例如，許多教育工作者所使
用的語言與概念既不明確也不精確；教育界也充斥著情緒性的口號和語
意不清的術語，愈益增加了教育思想與溝通的困難。不過，分析哲學的
洞見與方法，不應把本身視為一種目的，或是企圖涵蓋哲學。而是要使
教育學者在從事這種哲學活動時，能更有助於思辨、規範與綜合式目的
的達成。

討論問題

一、請用幾句話界定分析哲學並列出其主要的特點。

二、請比較及對照分析哲學與傳統哲學（第3章）、現代哲學（第4章）

對哲學目的的看法。

三、從分析哲學的觀點中，請說明你教授某一專題時的重點。

四、列出分析哲學的貢獻與問題。

五、請討論分析視野最彌足珍貴之所在。

註釋

1. 本章之所以將分析哲學從傳統哲學與當代哲學中獨立出來，主要是由於分析學者將焦點置於分析，而非傳統哲學所從事的廣泛活動，是他們自己與傳統哲學的永恆關注劃清界線。因此本章的界定與哲學界本身的界定一致。

2. Ludwig Wittgenstein, *Tractatus Logico-Philosophicus*, trans. D. F. Pears and B. F. McGuinness (London: Routledge and Kegan Paul, 1961). p.49(4.112).

3. R. S. Peters, *Ethics and Education* (London: George Allen & Unwin, 1966), p. 15.〔按：本書可算是英國教育分析的重要經典，讀者可看出，教育分析哲學並不是如作者所說的，不從事規範哲學的研究，《倫理學與教育》也已由譯者譯出（聯經出版，2017）。〕

4. Ibid.

5. S. Samuel Shermis, *Philosophic Foundations of Education* (New York: D. Van Nostrand Company, 1967), p.266.

6. Ibid., p.267.

7. Harry Schofield, *The Philosophy of Education: An Introduction* (London: George Allen & Unwin, 1972).

8. Abraham Kaplan, *The New World of Philosophy* (New York: Random House, 1961), pp.89-90.（本書很早就由孟祥森譯出，《哲學新世界》水牛出版社出版）

9. Jonas F. Soltis, *An Introduction to the Analysis of Educational Concepts*, 2d ed. (Reading, MA: Addison-Wesley Publishing Co., 1978), p.82. 這是一本關於分析方法的優秀導論著作（按：本書《教育概念分析導論》已由譯者譯成中文，五南圖書出版）。

10. Kaplan, *The New World of Philosophy*, p.58.

11. John Wild, *The Challenge of Existentialism* (Bloomington, IN: Indiana Univ,

Press, 1955), p.10.

12. Ozmon and Craver, *Philosophical Foundations of Education*, p.216.

13. Rorty, *Philosoply and the Mirror of Nature,* see especially pp.7, 8, 170-173.

14. See Robert D. Heslep, "Analytic Philosophy," in *Philosophy of Education: An Encyclopedia*, ed. J. J. Chambliss (New York: Garland Publishing, 1996), pp. 23-24.

15. Frederick Copleston, *Contemporary Philosophy: Studies of Logical Positivism and Existentialism*, rev. ed. (London: Search Press, 1972), chap.1.

16. Soltis, *An Introduction to the Analysis of Educational Concepts*, p.82.

17. Ibid., p.83.

18. Richard Pratte, *Philosophy of Education: Two Traditions* (Springfield, IL: Charles C. Thomas, Publisher, 1992), p.xiv.

19. Ibid., p.xii.

20. H. A. Alexander, "After the Revolution, the Normative Revival in Post-Analytic Philosophy of Education," in *Philosophy of Education 1992: Proceedings of the Forty-Eighth Annual Meeting of the Philosophy of Education Society* (italics supplied).

Chapter 8

建立一個教師個人的
教育哲學

　　探討了這麼多的教育哲學，我們已經指出了它們對實際從事教育工作者的重要性，包括哲學的基本課題與教育回應之道。第 1、2 章點出了哲學在教育所扮演的角色、分析了哲學的基本課題、教育哲學的意義、功能，以及探討這些哲學課題與教育目標、教育實踐的關係。從第 3 章以後，我們檢覈了各種傳統和當代哲學家們對哲學基本問題所提出的答案，並指出了這些答案能運用到教育實務的地方，我們同時也探討了各種教育理論，這些理論成了催化 20 世紀教育的核心。

　　在本章，我們要簡要地勾繪一下前述基本哲學課題、教育回應之道與個別教育工作者的關係。順著這個主題，將要探討個人哲學的需求，發展一套個人哲學的「歷程」，以及完成這一套哲學所面臨的一些挑戰。

教師個人哲學的需要

　　每一位教育工作者都會把他的生活哲學帶進教室。諸如，對世界、生活的意義，以及是非善惡的看法，並發展其教育哲學，而指引每日教學工作。舉個例子，當教師為了督促學生專心向學而考試，教師不僅僅只是驗收學生學習成果而已，這也隱含了教師對人性的看法──學生是好逸惡勞的，非俟教師的嚴厲督促不為功。我們在學校內的各種日常行為都隱含著比表面上看還要深刻的意義。為什麼我們做出此行為，而不是其他行為？為什麼我們日復一日的做出同樣的行為？這一定有原因。因為我們的行為實植基於我們的哲學。

　　所謂我們每人在日常生活中都有一套生活哲學或教育哲學，這並不是說每個人都有一套明確好的（或壞的）哲學，也不意味著每個人的哲學觀都是深思熟慮的。通常，我們的哲學觀都是下意識的（sublimi-nal）。本章的目標即是籲請所有的教育工作者都能發展一套經由「慎思

明辨」（consciously examined）與「全盤考量」（thoroughly considered）的教育哲學，從而使教師的時間與學生的精力都能發揮最大的效率。

　　一般來說，教育工作者都是漫不經心的運用其哲學（hip pocket），他們在行動時並沒有去思考爲何要如此。所以，成果也就不敢預期。即使教師自認爲在某一天是成功的，亦然。假如我們無法確知達成目標所必須的步驟，勢必不可能達成眞正的目標。反之，如果我們不能確知目標爲何，自然也無法抉擇行動步驟。愼思熟慮的哲學信念能夠使優良的教師變得更好，首先教師必須認清所尋求的目標爲何，才能根據目標權衡努力之道。

> ✦ 愼思熟慮的哲學信念能夠使優良的教師變得更好，首先教師必須認清所尋求的目標為何，才能根據目標權衡努力之道。

　　在本書第 1 章中，我們已經指出了美國教育的普遍批評之一是「心靈貧乏」（mindlessness）。太多的教育活動缺乏對目的、目標，與實際需求的充分思考。身爲一個教育工作者，對個人而言，你希望達成何者？你爲何教授數學、生物以及國文？你的努力是否值得？學生的生活與學生置身其間的社會兩者之差別應如何彌補？

　　夏米斯（Samuel Shermis）有很深刻的感悟，他說：「所有教育的課題，最後都是哲學性的。」光靠經費與設備本身無法解決當代的教育問題。我們需要父母、教師、行政人員、學校當局、課程發展學者，以及其他教育決策者能深切地（deepest level）了解問題所在。[1] 了解這些問題，教育的成功才有可能，否則，教育註定是要徒勞無功的。

　　身爲一個教育工作者的你，必須要有一個「愼思明辨」與「全盤考量」的教育哲學，有下面四個很堅實的理由：

1. 幫助你了解最基本的教育問題何在。
2. 從對這些問題的各種回應之道中，能更理智的評估其利弊得失。

3. 幫助你澄清、探索生活與教育的目標。
4. 引導你發展一個內在一致性的觀點與外在世界脈絡下的教育方案。

發展教師個人的教育哲學

在本書中你已經掌握了許多哲學派別與教育理論，你可能以熟諳這些「學派」而自滿。學習教育哲學的目的是要你從這些學派中選擇一個對教育實務的啓示嗎？當然不是，研讀教育哲學的目的是運用基本的哲學課題來面對學生，以及審視重要的教育回應之道。如此能夠使教育工作者對教育問題與回應之道，作更好的思考與評估，使教育行動更爲明智。

了解每一個哲學學派的體系並不是教育哲學的目的，這些知識只不過是一個開端。我們不應把傳統或晚近的哲學家們視爲思想體系的建立者，相反的，他們都致力於以一種整合的、非衝突的方式去解決生命問題。對於正在選習教育哲學的你而言，不需要特別去接受或發展一套哲學體系，不過，你必須冷靜的思考，你現在正在做什麼？以及你爲何研讀教育哲學？畢竟，教育工作者的工作涉及全人類的生活。教育工作者如對其世界觀不加思索，是有愧職守的。所有的教育工作者必須有下列兩點體認：

1. 經由教育哲學的課題與回應之道的思考，而發展一種智慧的

+ 教育工作者的工作涉及全人類的生活。教育工作者如對其世界觀不加思索，是有愧職守的。所有的教育工作者必須有下列兩點體認：

1. 經由教育哲學的課題與回應之道的思考，而發展一種智慧的信念，促成教育的成功。

2. 將這種哲學智慧的成果置於專業與個人生活的基礎之上。

信念，促成教育的成功。

2. 將這種哲學智慧的成果置於專業與個人生活的基礎之上。我們所需要的不只是哲學體系（philosophic blueprint）而已，而是要對教育專業責任的挑戰保持高度的感受性。

我們已經了解，教育哲學課程的研習成果並不是要去接納某一種學派。正確行動方案的標準是要從每一個哲學學派與教育理論中去選擇「最好」與「最有用」的形式，也就是折衷的（eclectic）立場。這也告訴我們，其實每一種學派都掌握了有關人類、教育、社會等真理的部分。

雖然，折衷主義對初學者而言是簡易而必須的，但這也會導致教育實務的不準確性。隨著時間的增加與概念的成熟，我們會逐漸發現，折衷主義對於建構一種教育立場而言，只不過是次好的方法（second best）。當我們從這個哲學抽取一部分，從那個理論借取一些，折衷主義，無可避免地，會帶來衝突。有經驗的教育工作者很容易就會發現，不同的哲學派別可能會運用相同的字眼，卻代表不同的意義；它們可能提出相同的方法論，但卻產生不同的結果，這是因為學派間存在著不同的起始點、目標與方向使然。

折衷主義的最大問題，是它反映了折衷學者們心目中價值體系的優先性。細心的讀者將會發現，我們剛剛討論折衷式選擇的基礎時，用了「最好」與「最有用」的字眼。這正隱含了折衷學者們在哲學立場上，對於價值學持有一種確定的看法，並據以從事價值判斷。教育工作者的工作正是要掌握折衷主義表面觀點的底層基本預設，這已經超越了折衷主義個人所心儀的世界觀之上。布魯巴克（John Brubacher）指出，折衷哲學對於一個不加批判之相對主義者，也不可能沒有立場，即使對其立場很難加以仔細論證。[2] 對教育工作者而言，與其採納折衷立場，不如發展一個個人的教育哲學。對個人而言，至少有兩種立場，有助於你去發展個人的教育哲學。

　　第一，請你再留意在第 2 章所探討的問題，你對實體、眞理、價値的基本確認爲何？一旦你通盤的思考這些哲學課題而發展一種觀點之後，你就能針對一般教育目標提出個人的看法；除此之外，你也能在特定的學校、特定的年級、特別的科目，以一個任課老師的立場，規劃一個你心目中的目標。當你的心目中有了哲學架構與教育目標之後，針對許多教育實務，就很自然地會孕育出你確定的哲學意義與立場，諸如你要爲學生做什麼、教師的角色、課程的優先性，與教學的方法。發展至此，你接下來就是將此理論導入實務之中，當你更拓展你的視野時，課堂的經驗將有助於你修正理論架構。在本書中，也特別強調這種哲學建構的取向。[3]

　　第二種建構哲學的取向是莫里斯（Van Cleve Morris）所稱的「歸納方法」（inductive method）。[4] 根據這種方法，你必須從自己實際的教學經驗中出發。首先，檢視你自己的教學行爲，特別是成功的教學行爲；接著，運用你哲學與教育理論的各種知識去專精理論架構，盡可能的運用形上學、知識論與價値論的觀點去探討你實際的工作，如此交相爲用，直到你自覺能對專業的教育工作發展一個一致性的立場爲止。

　　總之，無論你採演繹的立場，從哲學出發，從哲學邏輯式的推論到教育實務；或是採歸納的立場，從教育實務中歸納哲學；甚或採取其他的立場去建構個人哲學，身爲一個教育工作者，你必須對自己、對學生，以及所處的環境盡全責。這也隱含了教育哲學的教學實有助於我們更明智的調整教育活動。所以，每一位教育工作者都應以發展一個愼思熟慮的教育哲學，並據以落實爲己任。

教師個人教育哲學的實踐

> ✦一個良善教育哲學的價值在於它提供了達成教育目的的方法，它本身並不是一個目的。

　　一個良善教育哲學的價值在於它提供了達成教育目的的方法，它本身並不是一個目的。這種目的也就是教育實務的成功。一般學生常認為教育哲學只不過是心智體操，在師資的培育上最沒有用。其實正好相反，教育哲學的目的如果能被真正的了解，它將是師資培育各學科中最實用的。如果沒有教育哲學，任何教育實務也就失去意義。因為要改進教育實務的首要步驟，仍在於改進我們的思考，我們必須先認清「所做所為到底為何？」「為什麼我們要如此做？」等問題。

　　雖然教育哲學如此重要，但是教育工作者也必須體認，教育哲學只是掌握幾個主要教育歷程的基本因素之一。當教育哲學為社會的各種團體提供可欲的教育實務時，它也有其範圍。其他因素如政治情勢、經濟條件、勞力市場的需求、特定人士對社會的看法等也都影響了教育實務。教育決策應在動態的環境中，全盤考慮各種狀況，身為教育專業人員，你應該在特定的社會脈絡中作出明智的抉擇，並為其負責。在教育決策歷程中，教育哲學應是主要，而非唯一的考量。在教育人員的專業訓練中，除了介紹教育哲學外，也應涵蓋教育的社會學、政治學、歷史學、心理學及經濟學基礎的介紹。

　　要實行你個人的教育哲學理念時，你可能也必須考慮你的哲學觀與你服務所在地的哲學立場是否一致，尤其是像美國這麼多元化的社會。當然，理想上最好兩者能相互配合。許多教育工作者正致力於一方面能滿足其服務學校的目標，但又不違背個人教育理念。這雖然不是容易的工作，但也不是不能達成。因為既然是多元的社會，就易於

孕育一個公平的視野，針對各種哲學立場兼容並蓄。而所謂基本共識的「精髓」，也必然鬆散，而允許每個人有不同的觀點。然而，在教育實務上也不是漫無限制，例如，很難期待美國中學聘用公開活動的革命共產黨黨員作為政治科學的教師。

除了上述極端的例子外，大體上美國教師對於他們個人的哲學信念，享有充分的自由。不過，這種自由必須以能確保學生課堂上的學習成果為前提。

在許多情形，有心的教育工作者一方面能達成廣大社會脈絡所賦予的目標，同時又能不違背其教育理念。研習教育哲學的目標之一就在於提供良好的方法，使你能更了解你個人的哲學觀，以及你所處社會與工作環境文化下的社會哲學觀，從而減低兩者的差距。

我們還必須強調，哲學的建構是一個永不停止的歷程，身為一位教育工作者，你必須不斷汲取新知，當你的知識廣度不斷增加與教學經驗不斷拓展時，你也必須隨時發展你的哲學體系。教育工作者必須體認，哲學觀將會指引教育實務，而實務經驗也可以反過來修正理論。教育專業人員應把教育哲學視為一種永遠不斷從事（do）的歷程基礎，而不是曾經在教育哲學課本中所學到的標題話語。

> ✦ 專業人員應把教育哲學視為一種永遠不斷從事（do）的歷程基礎，而不是曾經在教育哲學課本中所學到的標題話語。

本書的理論部分就介紹到此，但我們希望這是你建構個人哲學的開始。個人生活與教育哲學的建構是一個思想與實務不斷奮力向前的連續過程，它將能加深、加寬，以及使你的教育專業更富有意義性。成功的教育工作者也是一位懂得思考的教育工作者。你不能說你現在已懂哲學和教育了，可以做更大的事業了，你的哲學是你整個人，以及你可做的每一件事情的完整部分，你的哲學成長，就如同你其他的努力一樣，是一個動態而永無休止的歷程。

❷ 討論問題

一、從教育哲學的觀點來看，所謂「成功的一天」是什麼意思？

二、討論折衷主義的得失。

三、請從演繹或歸納的方法來建構哲學，列出你的實體、眞理、價值的
看法。

四、請從前述你對實體、眞理、價值的看法中，引出對教育的啓示。

❷ 註釋

1. Shermis, *Philosophic Foundations of Education*, p.277.

2. Brubacher, *Modern Philosophies of Education*, pp.134-135.（按：本書是美國
20 世紀前期重要的教育哲學著作，國內很早就有譯本，見趙一葦譯：《現代
教育哲學》。臺北，正中書局出版，民國 56 年。）

3. 本書，第 2 章第 4 節。

4. Van Cleve, Morris, *Philosophy and the American School*, pp.464-465.

參考書目

Adler, Mortimer J. "The Crisis in Contemporary Education." *Social Frontier* 5 (February 1939): 140-45.

_____. "In Defense of the Philosophy of Education." In *Philosophies of Education*. National Society for the Study of Education, Forty-first Yearbook, Part I. Chicago: University of Chicago Press, 1942.

_____. *Paideia Problems and Possibilities*. New York: Macmillan Publishing Co., 1983.

_____. *The Paideia Proposal: An Educational Manifesto*. New York: Macmillan Publishing Co., 1982.

_____, ed. *The Paideia Program: An Educational Syllabus*. New York: Macmillan Publishing Co., 1984.

Alexander, H. A. "After the Revolution, the Normative Revival in Post-Analytic Philosophy of Education," in *Philosophy of Education 1992: Proceedings of the Forty-Eighth Annual Meeting of the Philosophy of Education Society*.

Aquinas, Thomas. *Summa Theologica*. 3 vols. Translated by Fathers of the English Dominican Province. New York: Benziger Bros., 1947.

Barrett, William. *Irrational Man: A Study in Existential Philosophy*. Garden City, NY: Anchor Books, 1962.

Bernstein, Richard J. "The Resurgence of Pragmatism." *Social Research* 59 (Winter 1992): 813-40.

Bestor, Arthur E. *Educational Wastelands: The Retreat from Learning in Our Public Schools*. Urbana, IL: The University of Illinois Press, 1953.

_____. *The Restoration of Learning: A Program for Redeeming the Unfulfilled Promise of American Education*. New York: Alfred A. Knopf, 1955.

Bloom, Allan. *The Closing of the American Mind*. New York: Simon & Schuster, 1987.

Bonino, Jose Miguez. *Doing Theology in a Revolutionary Situation*. Philadelphia: Fortress Press, 1975.

Bowers, C. A. *Elements of a Post-Liberal Theory of Education*. New York: Teachers College Press, Columbia University, 1987.

Brameld, Theodore. *Education as Power*. New York: Holt, Reinhart and Winston, 1965.

_____. *Education for the Emerging Age*. New York: Harper & Row, 1961.

_____. *Patterns of Educational Philosophy*. New York: Harcourt, Brace & World, 1950.

_____. *Toward a Reconstructed Philosophy of Education*. New York: Holt, Rinehart and Winston, 1956.

Broudy, Harry S. *Building a Philosophy of Education*. 2d ed. Englewood Cliffs, NJ: Prentice Hall, 1961.

_____. *The Uses of Schooling*. New York: Routledge, 1988.

_____. "What Schools Should and Should Not Teach," *Peabody Journal of Education*, October 1976, pp. 31-38.

Brubacher, John S. *Modern Philosophies of Education*. 4th ed. New York: McGraw-Hill, 1969.

Buber, Martin. *Between Man and Man*. London: Kegan Paul, 1947.

Burt, Edwin A. *In Search of Philosophic Understanding*. Indianapolis, IN: Hackett Publishing Co., 1980.

Butler, J. Donald. *Four Philosophies and Their Practice in Education and Religion*. 3d ed. New York: Harper & Row, 1968.

_____. *Idealism in Education*. New York: Harper & Row, 1966.

Camus, Albert. *The Myth of Sisyphus and Other Essays*. Translated by Justin O'Brien. New York: Vintage Books, 1955.

Carper, James C., and Hunt, Thomas C., eds. *Religious Schooling in America*. Birmingham, AL: Religious Education Press, 1984.

Chambliss, J. J., ed. *Philosophy of Education: An Encyclopedia*. New York: Garland Publishing, 1996.

Chapman, J. Crosby, and Counts, George S. *Principles of Education*. Boston: Houghton Mifflin Co., 1924.

Coleman, James S., et al. *Equality of Educational Opportunity*. Washington, DC: U.S. Department of Health, Education, and Welfare, 1966.

College Board. *Academic Preparation for College*. New York: The College Board, 1983.

Conant, James B. *The American High School Today*. New York: McGraw-Hill Book Co., 1959.

Cone, James H. *A Black Theology of Liberation*. 2d ed. Maryknoll, NY: Orbis Books, 1986.

Copleston, Frederick. *Contemporary Philosophy: Studies of Logical Positivism and Existentialism*. Rev. ed. London: Search Press, 1972.

Counts, George S. *Dare the School Build a New Social Order?* New York: John Day Co., 1932.

_____. *Education and American Civilization*. New York: Teachers College, Columbia University, Bureau of Publications, 1952.

_____. *Education and the Foundations of Human Freedom*. Pittsburgh: University of Pittsburgh Press, 1962.

_____. *The Soviet Challenge to America*. New York: John Day Co., 1931.

Cremin, Lawrence A. *The Genius of American Education*. New York: Vintage Books, 1965.

_____. *Public Education*. New York: Basic Books, 1976.

_____. *The Transformation of the School: Progressivism in American Education, 1876-1957*. New York: Vintage Books, 1964.

Dennison, George. *The Lives of Children*. New York: Random House, 1969.

Derrida, Jacques. *On Grammatology*. Baltimore: The Johns Hopkins University Press, 1976.

Dewey, John. *Art as Experience*. New York: Minton, Balch & Co., 1934.

_____. *Democracy and Education*. New York: The Macmillan Company, 1916.

_____. *Experience and Education*. New York: The Macmillan Company, 1938.

_____. *How We Think: A Restatement of the Relation of Reflective Thinking to the Educative Process*. New ed. New York: D. C. Heath and Co., 1933.

_____. *The School and Society*. Rev. ed. Chicago: University of Chicago Press, 1915.

Diggins, John Patrick. *The Promise of Pragmatism: Modernism and the Crisis of Knowledge and Authority*. Chicago: University of Chicago Press, 1994.

Doll, William E., Jr. *A Post-modern Perspective on Curriculum*. New York: Teachers College Press, Columbia University, 1993.

Falwell, Jerry. *Listen, America!* Garden City, NY: Doubleday & Co., 1980.

Foucault, Michel. *The Archeology of Knowledge and the Discourse on Language*. New York: Pantheon Books, 1972.

Frankl, Viktor E. *Man's Search for Meaning: An Introduction to Logotherapy*. New York: Washington Square Press, 1963.

Freire, Paulo. *Pedagogy of the Oppressed*. Translated by Myra Bergman Ramos. New York: Seabury Press, 1968.

Gaarder, Jostein. *Sophie's World: A Novel About the History of Philosophy*. [London]: Phoenix House, 1995.

Gardner, John W. *Self-Renewal: The Individual in the Innovative Society*. New York: Harper & Row, 1964.

Giroux, Henry A. *Pedagogy and the Politics of Hope: Theory, Culture, and Schooling*. Boulder, CO: Westview Press, 1997.

Glasser, William. *Schools Without Failure*. New York: Harper & Row, Perennial Library, 1975.

Greene, Maxine. *Teacher as Stranger: Educational Philosophy for the Modern Age*. Belmont, CA: Wadsworth Publishing Co., 1973.

Gross, Beatrice, and Gross, Ronald, eds. *The Great School Debate: Which Way for American Education?* New York: Simon & Shuster, 1985.

Gutek, Gerald L. *Philosophical and Ideological Perspectives in Education*. Englewood Cliffs, NJ: Prentice Hall, 1988.

Gutiérrez, Gustavo. *A Theology of Liberation: History, Politics, and Salvation*. Rev. ed. Maryknoll, NY: Orbis Books, 1988.

Heslop, Robert D. "Analytic Philosophy," in *Philosophy of Education: An Encyclopedia*, ed. J. J. Chambliss. New York: Garland Publishing, 1996.

Hilgard, Ernest R., and Bower, Gordon H. *Theories of Learning*. 3d ed. New York: Appleton-Century-Crofts, 1966.

Hirsch, E. D., Jr. *Cultural Literacy: What Every American Needs to Know*, updated and expanded ed. New York: Vintage Books, 1988.

_____. *The Schools We Need and Why We Don't Have Them*. New York: Doubleday, 1996.

Hocking, William Ernest. *Types of Philosophy*. 3d ed. New York: Charles Scribner's Sons, 1959.

Holt, John. *Freedom and Beyond*. New York: Dell Publishing Co., Laurel Edition, 1972.

_____. *How Children Fail*. New York: Pitman Publishing Corp., 1964.

Horne, Herman Harrell. *The Democratic Philosophy of Education*. New York: The Macmillan Co., 1932.

_____. "An Idealistic Philosophy of Education." In *Philosophies of Education*. National Society for the Study of Education, Forty-first Yearbook, Part I. Chicago: University of Chicago Press, 1942.

Hunter, James Davison. *Culture Wars: The Struggle to Define America*. New York: Basic Books, 1991.

Hutchins, Robert M. *The Conflict in Education*. New York: Harper & Brothers, 1953.

_____. *The Higher Learning in America*. New Haven, CT: Yale University Press, 1936.

_____. *The Learning Society*. New York: New American Library, 1968.

Illich, Ivan. *Deschooling Society*. New York: Harper & Row, 1970.

_____ et al. *After Deschooling, What?* New York: Harper & Row, Perenniel Library, 1973.

James, William. *Essays In Pragmatism*. Edited by Alburey Castell. New York: Hafner Publishing Co., 1948.

_____. *Pragmatism*. New York: Longmans, Green, and Co., 1907.

Jencks, Christopher et al. *Inequality: A Reassessment of the Effect of Family and Schooling in America*. New York: Harper & Row, 1972.

Jervis, Kathe, and Montag, Carol, eds. *Progressive Education for the 1990s: Transforming Practice*. New York: Teachers College Press, Columbia University, 1991.

Kaplan, Abraham. *The New World of Philosophy*. New York: Random House, 1961.

Kaufmann, Walter. *Existentialism from Dostoevsky to Sartre*. Rev. ed. New York: New American Library, 1975.

Keniston, Kenneth et al. *All Our Children: The American Family under Pressure*. New York: Harcourt Brace Jovanovich, 1977.

Kincheloe, Joe L. *Critical Pedagogy Primer*. New York: Peter Lang, 2004.

_____. *Toward a Critical Politics of Teacher Thinking: Mapping the Postmodern*. Westport, CT: Bergin and Garvey, 1993.

Kneller, George. *Existentialism and Education*. New York: John Wiley & Sons, 1958.

_____. *Introduction to the Philosophy of Education*. 2d ed. New York: John Wiley & Sons, 1971.

Knight, George R. "The Transformation of Change and the Future Role of Education." *Philosophic Research and Analysis* 8 (Early Spring 1980): 10-11.

Kohl, Herbert R. *The Open Classroom: A Practical Guide to a New Way of Teaching*. New York: New York Review, 1969.

_____. *36 Children*. New York: New American Library, 1967.

Kozol, Jonathan. *Death at an Early Age*. Boston: Houghton Mifflin Co., 1967.

_____. *Free Schools*. Boston: Houghton Mifflin Co., 1972.

LaHaye, Tim. *The Battle for the Mind*. Old Tappan, NJ: Fleming H. Revell, 1980.

Land, Gary. "The Challenge of Postmodernism." *Dialogue* 8:1 (1996):5-8.

Laska, John A. *Schooling and Education: Basic Concepts and Problems*. New York: D. Van Nostrand Company, 1976.

Lucas, Christopher J., ed. *Challenge and Choice in Contemporary Education: Six Major Ideological Perspectives.* New York: Macmillan Publishing Co., 1976.

Lyotard, Jean-François. *The Postmodern Condition: A Report on Knowledge.* Minneapolis: University of Minnesota Press, 1984.

Maritain, Jacques. *Education at the Crossroads.* New Haven, CT: Yale University Press, 1943.

Marler, Charles D. *Philosophy and Schooling.* Boston: Allyn and Bacon, 1975.

Martin, Wm. Oliver. *Realism in Education.* New York: Harper & Row, 1969.

McGrath, Alister E. *The Science of God: An Introduction to Scientific Theology.* Grand Rapids, MI: William B. Eerdmans Publishing Co., 2004.

McLaren, Peter. *Life in Schools: An Introduction to Critical Pedagogy in the Foundations of Education.* 3d ed. New York: Longman, 1998.

Morris, Charles. *Varieties of Human Value.* Chicago: The University of Chicago Press, 1956.

Morris, Van Cleve. *Existentialism in Education: What It Means.* New York: Harper & Row, 1966.

————. *Philosophy and the American School.* Boston: Houghton Mifflin Company, 1961.

Nash, Paul. *Models of Man: Explorations in the Western Educational Tradition.* New York: John Wiley & Sons, 1968.

Nash, Paul; Kazamias, Andreas M.; and Perkinson, Henry J. *The Educated Man: Studies in the History of Educational Thought.* New York: John Wiley & Sons, 1966.

National Commission on Excellence in Education. *A Nation at Risk: The Imperative for Educational Reform.* Washington, DC: U.S. Government Printing Office, 1983.

Neff, Frederick C. *Philosophy and American Education.* New York: The Center for Applied Research in Education, 1966.

Neill, A. S. *Summerhill: A Radical Approach to Child Rearing.* New York: Hart Publishing Co., 1960.

Noddings, Nel. *The Challenge to Care in Schools: An Alternative Approach to Education.* New York: Teachers College Press, Columbia University, 1992.

O'Neill, William F. *Educational Ideologies: Contemporary Expressions of Educational Philosophy.* Santa Monica, CA: Goodyear Publishing Co., 1981.

Ornstein, Allan C. *An Introduction to the Foundations of Education.* Chicago: Rand McNally College Publishing Co., 1977.

Ozmon, Howard, and Craver, Sam. *Philosophical Foundations of Education.* Columbus, OH: Charles E. Merrill Publishing Co., 1976.

————. *Philosophical Foundations of Education.* 7th ed. Upper Saddle, NJ: Merrill Prentice Hall, 2003.

Perkinson, Henry J. *The Imperfect Panacea: American Faith in Education, 1865-1976.* 2d ed. New York: Random House, 1977.

Peters, R. S. *Ethics and Education.* London: George Allen & Unwin, 1966.

Plato. *The Dialogues.* 4 vols. Translated by B. Jowett. New York: Charles Scribner's Sons, 1872.

Postman, Neil, and Weingartner, Charles. *The School Book: For People Who Want to Know What All the Hollering Is About.* New York: Dell Publishing Co., 1973.

Pratte, Richard. *Philosophy of Education: Two Traditions.* Springfield, IL: Charles C. Thomas, Publisher, 1992.

Purpel, David E., and McLaurin, William M., Jr. *Reflections on the Moral and Spiritual Crisis in Education.* New York: Peter Lang, 2004.

Rich, John Martin. *Education and Human Values.* Reading, MA: Addison-Wesley Publishing Co., 1968.

Rickover, H. G. *American Education—A National Failure: The Problem of Our Schools and What We Can Learn from England.* New York: E. P. Dutton & Co., 1963.

_____. *Education and Freedom.* New York: E. P. Dutton & Co., 1960.

Rogers, Carl R. *Freedom to Learn.* Columbus, OH: Charles E. Merrill Publishing Co., 1969.

_____. *On Becoming a Person: A Therapist's View of Psychotherapy.* Boston: Houghton Mifflin Co., 1961.

Rorty, Richard. *Philosophy and the Mirror of Nature.* Princeton, NJ: Princeton University Press, 1979.

Rousseau, Jean-Jacques. *Emile, or On Education.* Translated by Allan Bloom. New York: Basic Books, 1979.

Sartre, Jean-Paul. *Existentialism and Human Emotions.* New York: Philosophical Library, 1957.

_____. *No Exit.* New York: A. A. Knopf, 1947.

Schofield, Harry. *The Philosophy of Education: An Introduction.* London: George Allen & Unwin, 1972.

Schumacher, E. F. *A Guide for the Perplexed.* New York: Harper & Row, 1977.

_____. *Small Is Beautiful: Economics as if People Mattered.* New York: Harper & Row, 1973.

Searle, John R. *The Construction of Social Reality.* New York: The Free Press, 1995.

Shane, Harold G. *The Educational Significance of the Future.* Bloomington, IN: Phi Delta Kappa, 1973.

Shermis, S. Samuel. *Philosophic Foundations of Education.* New York: D. Van Nostrand Company, 1967.

Shor, Ira. *Empowering Education: Critical Teaching for Social Change.* Chicago: University of Chicago Press, 1992.

Silberman, Charles E. *Crisis in the Classroom: The Remaking of American Education.* New York: Vintage Books, 1970.

Skinner, B. F. *About Behaviorism.* New York: Vintage Books, 1976.

_____. *Beyond Freedom and Dignity.* New York: Alfred A. Knopf, 1971.

_____. *Science and Human Behavior.* New York: The Macmillan Co., 1953.

_____. *Walden Two.* New York: The Macmillan Co., 1948.

Slattery, Patrick. *Curriculum Development in the Postmodern Era.* New York: Garland Publishing, 1995.

Sleeter, Christine E. *Multicultural Education as Social Activism.* Albany, NY: State University of New York Press, 1996.

Smith, Philip G. *Philosophy of Education: Introductory Studies.* New York: Harper & Row, 1965.

Snow, C. P. *The Two Cultures and the Scientific Revolution*. New York: Cambridge University Press, 1959.

Soltis, Jonas F. *An Introduction to the Analysis of Educational Concepts*. 2d ed. Reading, MA: Addison-Wesley Publishing Co., 1978.

Spencer, Herbert. *Education: Intellectual, Moral, and Physical*. New York: D. Appleton and Company, 1909.

Spring, Joel H. *Education and the Rise of the Global Economy*. Mahwah, NJ: L. Erlbaum Associates, 1998.

_____. *How Educational Ideologies Are Shaping Global Society*. Mahwah, NJ: L. Erlbaum Associates, 2004.

Stretch, Bonnie Barrett. "The Rise of the 'Free School.'" In *Curriculum: Quest for Relevance*. 2d ed. Edited by William Van Til. Boston: Houghton Mifflin Co., 1974.

Task Force on Education for Economic Growth. *Action for Excellence*. Denver: Education Commission of the States, 1983.

Thorndike, Edward L. "The Nature, Purposes, and General Methods of Measurement of Educational Products." In *The Measurement of Educational Products*. National Society for the Study of Education, Seventeenth Yearbook, Part II. Bloomington, IL: Public School Publishing Co., 1918.

Titus, Harold, and Smith, Marilyn S. *Living Issues in Philosophy*. 6th ed. New York: D. Van Nostrand Co., 1974.

Toffler, Alvin. *Future Shock*. New York: Random House, 1970.

_____. *Power Shift: Knowledge, Wealth, and Violence at the Edge of the 21st Century*. New York: Bantam Books, 1990.

_____. *The Third Wave*. New York: Bantam Books, 1980.

_____, ed. *Learning for Tomorrow: The Role of the Future in Education*. New York: Vintage Books, 1974.

Trueblood, David Elton. *General Philosophy*. New York: Harper & Row, 1963.

_____. *Philosophy of Religion*. New York: Harper & Row, 1957.

_____. *A Place to Stand*. New York: Harper & Row, 1969.

Unamuno, Miguel de. *Tragic Sense of Life*. Translated by J. E. C. Flitch. New York: Dover Publications, 1954.

Van Doren, Mark. *Liberal Education*. Boston: Beacon Press, 1959.

Van Til, William, ed. *Curriculum: Quest for Relevance*, 2d ed. Boston: Houghton Mifflin Co., 1974.

Warnock, Mary. *Ethics Since 1900*. 3d ed. New York: Oxford University Press, 1978.

Wayson, William W., et al. *Up from Excellence: The Impact of the Excellence Movement on Schools*. Bloomington, IN: Phi Delta Kappa Educational Foundation, 1988.

Whitehead, Alfred North. *The Aims of Education and Other Essays*. New York: The Free Press, 1967.

Wild, John. *The Challenge of Existentialism*. Bloomington, IN: Indiana University Press, 1955.

Wittgenstein, Ludwig. *Tractatus Logico-Philosophicus*. Translated by D. F. Pears and B. F. McGuinness. London: Routledge and Kegan Paul, 1961.

Zahorik, John A. *Constructivist Teaching*. Bloomington, IN: Phi Delta Kappa Educational Foundation, 1995.

Zilversmit, Arthur. *Changing Schools: Progressive Education Theory and Practice, 1930-1960*. Chicago: University of Chicago Press, 1993.

Zimmerman, Jonathan. *Whose America? Culture Wars in the Public Schools*. Cambridge, MA: Harvard University Press, 2002.

附錄

教育哲學：回顧與前瞻

　　讀者已經具備了教育哲學最基礎的知識，鑒於有些讀者有進一步研究的需要，也由於未來的準教師們必須通過嚴格的「甄試」，筆者希望此一專文，能更爲讀者掌握「教育哲學」在西方英語世界發展的旨趣。筆者將以美國教育哲學的發展爲主，旁及英國，並佐於臺灣的發展，文末並列舉千禧年之後最新的臺西重要教科書，希能鼓勵學子擺脫純考試之「工具理性」，以愛智之心，探索教育哲學之研究重點，並落實到臺灣教育現場。

　　教育哲學之名稱似乎最早見於美國學者霍恩（Horne）在 1904 年所出版之《教育哲學》一書，不過其內容包羅萬象，頗類似教育學的理論基礎，即使到 1960、1970 年代，美國仍有許多以「教育的基礎」（foundation of education）爲書名的著作。若把教育哲學視爲一門學術領域，從 20 世紀 1940 年代開始，就不斷有學者加以探討、反省。「美國國家教育研究會」在 1941、1954 年之年會、《哈佛教育評論》在 1956 年的專題、「美國教育哲學會」在歷次年會的探討，以及《教育理論》期刊在 1991、2000 年等都有專題檢討 20 世紀美國教育哲學之發展。期間個別的學者也發表多篇論文，以下，譯者即以上述資料，爲讀者勾繪美國教育哲學發展之輪廓。

教育哲學萌發期

　　波爾（E. I. Power, 1982）在其《教育哲學》一書中，曾經指出美國教育之發展：

- 殖民地時期（1635-1775）：著重宗教之力量。
- 國家草創階段（1775-1820）：開始著重識字教育。
- 國民教育階段（1820-1870）：教育規模粗具。
- 進步時期（1820-1940）：以杜威（J. Dewey）的思想爲核心。

　　一般而言，早期的美國教育受到宗教的影響，也很重視道德教育、公民的責任，但一直到杜威實用主義的出現，才眞正產生具影響力的教育哲學。

　　查布里斯（J. J. Chambiss, 1968）在《美國教育哲學的萌發》一書中，探討了 19 世紀美國重要的教育哲學人物，他指出當時思索教育問題的三大方向，其一是「歸納式的經驗論」（inductive empiricism），這是受到科學之影響，使學者著重對兒童的研究，後來逐漸發展成教育心理學，這種取向是要爲教育建立在科學基礎之上；其二是「理性論」（rationalism），植基於超驗的立場（transcendentalistic），處理自然科學所無法處理之處（invisible whole）；其三是「自然式的經驗論」（naturalistic empiricism），此一派之立場以杜威爲代表，認爲超驗式之立場不必要，而經驗也不能只狹隘的限制在科學檢測下的經驗。第一種立場後來脫離了教育哲學，成爲教育科學；第二種立場，一直若隱若現的表現在教育哲學之探索中，至於杜威的實用主義，更成爲美國教育哲學之代表。

　　坎米斯基（J. S. Kaminsky, 1993）曾探討英、美、澳教育哲學的發展，他以 1861-1914 年這段期間，來指稱美國教育哲學作爲一種學術領域所孕育的年代，坎米斯基特別以「前教育哲學階段」（Pre-History of Educational Philosophy）來稱呼。坎氏在該書中，對於美國教育哲學發展的背景有很詳細的介紹。他認爲美國教育哲學與社會科學很早就結合在一起，這是因爲兩者都有社會道德的使命；斯賓塞（H. Spencer）和杜威分別從社會問題出發，把教育問題帶入哲學探索之中；美國南部擁護農民權益的民粹黨（Populism）與進步主義（Progressivism），則成了教育哲學具體的社會綱領；並且經由社會的「正義之士」（muckrakers）廣泛發起各種不平之鳴，促進各種社會改革，如保障女性的「中途之家」（Hull House）及救援處於困境者之「移民之家」（Settlement House）等。這些社會問題形成教育哲學理論發展的關注重點。

　　查布里斯約略說明了 19 世紀美國教育哲學發展之大要，坎米斯基則指出了在 19、20 世紀初，由於美國社會的遞變，教育與社會改革之間也緊密相連。當然，以杜威實用主義為核心的進步主義，無疑居於一主導地位。這種想法也表現在其主要人物的想法上，《社會疆界》（The Social Frontier）是代表刊物；康茲（G. S. Counts）、蔡爾滋（I. L. Childs）俱為代表人物。或許，蔡爾滋的話可以表現其教育哲學立場：（Giarelli & Chambliss, 1991: 268-269）

　　　　當代哲學不認為對於終極實體、終極意義與美好生活等問題，哲學具有優越性。相反地，對於哲學內容與方法，應訴之於經驗的平凡性，它不具有特別鮮明的功能。這些經驗都對所有的人開放，權威的哲學家們是否就有更大的發言權呢？我們對於所謂生活的價值與意義是立於「自由」、「均等」之上，這也成為美國社會民主的特徵……每位教育工作者對於學校教育的目的與課程，都應有自己的哲學建構，他自己就是位哲學家……。

　　蔡爾滋的觀點表明了教育哲學的實用性取向。在 20 世紀的 1930 年代，進步主義與重建主義（Reconstructionism）勢力如日中天，教育哲學與教育改革完美地結合在一起。

　　在 1910-1930 年間，杜威的實用主義正穩健的建構之中。不過，源自 19 世紀末，作為一重大政治社會改革運動的進步主義卻仍迫不及待的把觸角延伸到教育上。討論至此，不能不回顧一下當時的重要刊物《社會疆界》以及「杜威學會」（The John Dewey Society）的成立。《社會疆界》創於 1934 年，它最初把社會重建置於杜威實用主義之基本觀點，也擁護自由的社會哲學，後來逐漸激烈左傾，在 1935 年刊出了〈教師與勞工〉，該期編輯明白指出他們贊成階級鬥爭，許多學者及

讀者轉而支持「杜威學會」，雖然《社會疆界》持續到 1944 年才停刊，但作為一種激進的教育改革運動，在 1938 年就已喪失其影響力。雖則如此，《社會疆界》之重要人物，如康茲及布來彌德（T. Brameld）所發展的社會重建主義，仍持續的影響美國教育界。至今，部分批判教育學的學者及課程學者都仍重視社會重建論為其理論源頭。

教育學，或者是教育哲學是否是一種「專業」（profession）？甚至於是否是一學術（discipline）都備受質疑，本文無法在此仔細探討。「專業」強調的是一獨特的工作，「學術」則著重在知識本身的規準，應用性尚在其次；「專業」與「學術」不僅不互斥，兩者實相輔相成。吉爾利與查布里斯二氏即認為蔡爾滋無意間挑起了兩者之鴻溝，要成為一種專業（這是教育學者一直致力的重點），必得以堅實的知識作基礎；但是《社會疆界》刊物卻極力與傳統主智傾向之哲學劃清界線，而強化其改造社會的使命（Giarelli & Chombliss, 1991）。所以，爾後許多的教育哲學家，甚至於杜威本人都對進步主義的種種主張提出質疑。這些教育主張的簡要勾繪，已見於本書，譯者要指出的是，爾後的教育哲學家乃開始著重於教育哲學本身的學術內涵。

教育哲學學派

一則受到二次大戰的影響，二則是進步主義與社會重建主義激進的社會改革，並未能激起美國人之共鳴。而教育心理學的發展，也促使教育哲學家，必須再強化其工作，也就是教育哲學家必須「證成」（justification）教育哲學之必要。無疑地，從幾千年來的哲學智慧來汲取是最便捷的道路；其基本的想法是哲學，是一種「根本學術」（parent discipline）。布魯巴克（J. S. Brubacher）在《現代教育哲學》一書中最能表現這種看法，他說：（簡成熙，1996：19）

　　教育的根本問題……可以化約成我們所熟知的學門領域。關於教育與事物永恆本質的關係，建構了古代的形上學；對於知識的可能性及如何掌握則形成了知識論；而指引教育邁向圓滿則構成了倫理學的內涵；所有的教育問題都落在這些永恆的領域之上。在不同的時空背景下，當然對於教育問題會有不同的解答，但是這些教育的終極問題本身卻是不會改變的。

美國國家教育研究會（National Society for the Study of Education, NSSE）在 1941 年及 1954 年年會中分別以教育哲學為主題，廣受注目。布魯巴克分別擔任這兩次年會的主席，在 1941 年年會論文中界定了五種教育哲學立場：

1. 亞里斯多德主義（Aristotelianism）。
2. 實用主義（Pragmatism）。
3. 實在論（Realism）。
4. 觀念論（Idealism）。
5. 天主教教育論（Catholic Education）。

在 1954 年的論文集中則蒐集了九種立場不同的哲學家對教育的看法：

1. 實在論者。
2. 多瑪士主義論者（Thomist）。
3. 自由基督教派的觀念論者（Liberal Christian Idealist）。
4. 實驗主義者（Experimentalist）。
5. 馬克思論者（Marxist）。
6. 存在主義論者（Existentialist）。
7. 語言分析者（Linguistician）。
8. 邏輯經驗論者（Logical Empiricist）。

9. 教育的本體論（Ontological Philosophies of Education）。

布里德（F. S. Breed）曾指出教育哲學不應定於一，頗能代表 1940
年代「學派」取向之立場，他在 1941 年年書中如是說：（簡成熙，
1996：20-21）

> 當進步主義團體在紛亂的 1930 年代立基於實用主義之原
> 則，其他不同立場的哲學批評乃無可避免……諸如杜威的工
> 具主義（instrumentalism）式的哲學，或是進步式、民主式之
> 教育哲學，都不應是唯一的教育哲學。……觀念論、實在論、
> 經院哲學（scholasticism）都已歷史悠久，到現在依然以多種
> 風貌去探索各種事物表面之後的一切……。

不同立場之教育哲學，各有其預設，1941 年年書一方面要豐富不
同立場之教育哲學，而布魯巴克也同時呼籲要建立「比較教育哲學」，
以化解各學派之對立。

布勞岱（H. Broudy）曾經比較 NSSE 1941 年書與 NSSE 1954 年書
之差別，發現前者主要出自教育學者之手，而後者則是出自專業哲學家
之手。這也可看出「美國國家教育研究會」與《社會疆界》不同，它企
求從一般哲學之內涵中，去強化教育哲學的學術性。

1940 年代，對於教育哲學的發展，另外值得注意的是「美國教育
哲學會」之成立，一群學者有感於《社會疆界》過於激烈，在洛普（R.
B. Raup）的領導下成立，其宗旨在洛普的私人信函中曾提及：

1. 致力於提升教育問題的基本哲學關懷。
2. 致力於一般哲學工作者與教育哲學工作者的聯繫。
3. 鼓勵優秀的學生投入教育哲學領域的研究。
4. 強化師資養成學校及其他教育機構的教育哲學教學。
5. 使整個教育方案與企業能非直接的受到哲學的潛移默化。

　　教育哲學會對美國教育哲學的發展與教學是有目共睹的，至 1950
年代，成員咸感必須要有專業性的期刊，與杜威學會、伊利諾大學的
共同努力，終於誕生了最能代表美國的教育哲學期刊《教育理論》。
從教育哲學發展史的觀點來看，1940-1950 年間，是美國教育哲學界
想要強化其學術性之努力年代。不過哲學與教育哲學畢竟其旨趣有相
當之不同。NSSE 1954 年的年書，即可看出教育哲學企求從專業哲學
家中汲取智慧。到底教育哲學與一般專業哲學應如何分工？分析學者謝
富樂（I. Scheffler）雖已在 1954 年發表〈邁向教育分析哲學〉一文，強
調「分析」的價值，但他主導的 1956 年《哈佛教育評論》春季號（Har-
vard Educational Review, XXVI），卻致力於探索教育哲學的目的與內
涵，著重在一般哲學家與教育哲學家對教育哲學學術建構所應扮演之角
色，也反映了哲學與教育哲學分工有其困難所在，學者們的論點其實相
當分歧，筆者大致歸納：

可以從哲學的性質來界定教育哲學，強調哲學與教育的關聯

　　例如佛蘭克納（W. Frankena）認為有三種教育哲學，它們是「規
範」（normative）、「思辨」（speculative）、與「分析」（analysis）
的教育哲學，前兩者是教育歷程中的哲學，主要在為教育提供建議，並
提出對人及世界的種種假定，至於分析的教育哲學，則是把教育視為一
學術，所從事的哲學活動。莫里斯（R. K. Morris）則認為教育哲學離
不開知識論、形上學與價值論的探討。康得爾（I. L. Kandel）則認為可
以從一般哲學中引出教育哲學之目的、內容與方法。

教育哲學不宜從哲學學派中界定

　　胡克（S. Hook）很明確的反對從哲學立場中，可以引出教育啟示
來，他舉杜威為例，杜威的教育哲學理念並不在其哲學理念之後才產
生。教育哲學的發展，並不是要哲學家將其理念應用到教育上，兩者應

共同致力於教育問題之探討。艾迪（A. Edel）與蘭戈（S. Langer）都同意哲學的重要性，但也都認爲教育哲學的目的與內容等無法單從某一哲學立場導出。布來彌德（T. Brameld）認爲教育哲學應致力於文化的建構，單從哲學學派之立場探討，會忽略了文化之因素。

哲學家不一定能有助於教育哲學

班尼（K. D. Benne）認爲教育哲學如果不只是學校教育哲學，而是涉及到整個文化，哲學家若不致力於哲學人類學之研究，就談不上對教育哲學有貢獻；再者，當今之政治學與社會哲學在雅典時代是隸屬倫理學之範圍，這些正與教育息息相關，專業哲學家若沒有這些素養，也談不上對教育哲學有貢獻。佛蘭克（C. Frankel）雖然同意哲學是一種理性之建構，致力於道德之批判與美學鑑賞等理論之建構。但是，如果哲學家不去關心教育過程中所涉及的心理、社會學等種種之素材，那哲學家也將無益於教育哲學的建構。

已觸及了「分析」在教育哲學的地位

佛蘭克納已正式將「分析」納入教育哲學學術性建構之中。派伯（A. Pap）則強調分析哲學在大學殿堂的重要性。不過，佛爾（L. S. Feuer）卻認爲分析不一定能澄清價值，反而會墮入文字之迷障中。班尼也提醒吾人不要狹隘地侷限語言哲學；各種符號的分析，有其靈活的一面。

大體上，《哈佛教育評論》對教育哲學的界定，仍頗分歧，但是學派取向仍是聯繫哲學與教育哲學最方便的法門。事實上，美國重要教育哲學之教科書，仍多以學派式之介紹爲主。莫里斯與白楊（Morris & Pai）在其名著《哲學與美國學校》一書中曾經以下圖探討各學派之時間意涵對教育的啓示，頗有畫龍點睛之效：（Morris & Pia, 1976:15）

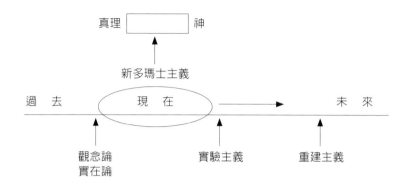

　　而在界定教育哲學派別時，不能不引述重建主義學者布來彌德之分類。他首先界定四種哲學：(1) 古典哲學，如柏拉圖、亞里斯多德、多瑪士等；(2) 當代實在論、觀念論；(3) 實用主義；(4) 知識社會學。然後據此引述了四個重大的教育哲學：(1) 永恆主義；(2) 精粹主義；(3) 進步主義；(4) 重建主義。布來彌德的這種分類，深深影響了美國教育哲學之發展與界定。即使是在 1980 年代，重要的美國教育哲學教科書所探討的各種學派，仍是以這些架構為主。例如，古鐵克（G. L. Gutek, 1988）在其著作《哲學、意識型態對教育之啟示》中，把各種教育理念界定成哲學、意識型態、教育理論等三層次，分別詮釋其教育主張。

　　1980 年代，歐陸思潮諸如馬克思主義、結構主義、詮釋學、現象學等思潮已逐漸引起了美國教育學者之重視，也有了具體之成果。喬治・奈勒（G. F. Kneller）之《當代教育思潮》是其中之代表。

教育哲學	意識型態	教育理論
觀念論	自由主義	永恆主義
實在論	保守主義	精粹主義
宗教實在論	烏托邦主義	進步主義
自然主義	馬克思主義	社會重建主義
實用主義	極權主義	
存在主義		
分析哲學		

通常，學派取向的教育哲學建構，是循下列之脈絡：

1. 界定基本之哲學課題，特別是形上學、知識論與價值論。
2. 從其基本之哲學系統中，找出核心旨趣或是主要代表人（如亞里斯多德是古典實在論的代表）。
3. 從哲學系統或代表人物中引申出對教育之啓示。

以上，我們花了相當之篇幅介紹學派取向教育哲學之發展，這是因爲在以民主爲本位的美國多元文化中，學派取向確是美國教育哲學之特色。不諱言，國內自民國以來至今，教育哲學作爲一學術領域，仍受美國之影響，這些素材也構成國內教育哲學的重要文獻。

誠如本書作者奈特指出，學派取向的教育哲學有化約的缺失，《哈佛教育評論》的諸多學者也有類似的反省。在 1950、1960 年代，美國教育哲學爲了強化其本身之專業學術地位，而又不滿意學派取向，遂轉而求助於號稱哲學革命之稱的分析哲學，希冀從語言與邏輯的專技知識強化教育哲學之學術性，於是開啓了「教育分析哲學」（Analytic Philosophy of Education）的探究。此一源流，又開創了美國教育哲學之新頁。

哲學議題與教育

教育哲學先進吳俊升在 1935 年首版之《教育哲學大綱》算是華人世界 20 世紀最重要的教育哲學著作之一，他以教育哲學涉及哲學的根本問題如心靈論、知識論、道德哲學、社會哲學等來論述各派哲學對教育之看法，可算開風氣之先，尤早於美國 J. Brubacher、Marris & Pai 等先進之著作，這種體例的教育哲學作品，也常見於美國著作，筆者願意在此簡單歸納。

心靈論與教育

　　心靈實體說，把心看作是一種靈魂作用，是人類對於心靈最原始的見解。柏拉圖把人類心靈分成三類，分別是理性、情感、嗜慾。前者同於理型性質，後兩者賴軀體而存在。亞里斯多德也把靈魂看作是身體的原型，身體的各種功能，都有各司的靈魂，如營養、感覺、動作靈魂等，最高的是智慧靈魂。中世紀的經學哲學，重視靈魂不滅，笛卡兒把心靈的思考視為最重要的無可懷疑的實體。心靈實體說大體上區分了心靈與身體，心身二元論是典型的代表。心靈實體說既然肯定心靈的存在，直接影響到 20 世紀初官能心理學的發展，在教育上重視涉及心靈能力如記憶、思考等之「形式訓練」，較不重視課程教材的實際應用價值。心靈狀態說以經驗主義者休莫發其端，休莫認為經驗乃是一切感覺的印象及想像所成，心靈正是前後相續如潮流的心靈狀態。洛克也認為人心靈本空無所有，是一「白板」，是接受外在一切印象的容受器。赫爾巴特據此發展「觀念聯合論」，教學中重視各種外在的「表象」的有機組織，系統的呈現教材是其特色。唯物主義的心靈觀是把心靈作用建立在生理基礎上，20 世紀行為學派的觀點，是明顯的代表。實用主義（試驗主義）的心靈論把心靈視為是人與環境互動的產物，其教育觀，讀者可自行參考本書實用主義部分。心靈問題是傳統哲學重要之內涵。晚近的哲學，對於身心問題有更為多元的討論（讀者可參考歐陽教主編的《教育哲學》（麗文出版）第六章但昭偉的介紹）。同時，晚近的認知心理學對於人類心靈（大腦）的運作，也有許多嶄新的發現，解釋了許多人類學習的現象，讀者可自行閱讀洪蘭等的相關著作。晚近的認知心理學，一方面重視人類學習的主動與意義建構，但有時也過度用腦神經等科學發現為人類學習定性，是否可能淪為唯物思考，反喪失人的意志自由，值得從哲學視野加以檢討。

人性論與教育

　　相較於西洋哲學，東方對於人性論的爭辯最爲明顯，性善說，是儒家正統思想，孟子認爲人皆有惻隱、羞惡、辭讓、是非之心，仁義禮智四端非由外鑠，我固有之。人之異於禽獸者，即指此而言。西洋思想探討人性善惡不若東方明確。盧梭在《愛彌爾》一書，曾論及「天造之物，一切爲善，一經人手，全變壞了」，極爲重視自然，有些學者認爲此亦可視爲性善。性惡說，也首見於儒家思想的另一支——荀子，荀子：「人之性惡，其善者僞也。」荀子把人的種種善行，視爲後天人爲（僞）的結果，特別重視利用教育、改善環境以教化人心。法家思想像韓非等也持性惡的觀點，重視法律對人性的規訓作用。西方基督教教義的「原罪」論，把人性視爲邪惡，有賴上帝救贖。一般來說，啓蒙運動以降的自由主義，在建構社會政治秩序時，也會對人性（統治者）持性惡的設定，希望透過法治制衡有權者。張灝即認爲對人性或宇宙黑暗勢力的正視，反而有助於發展出自由與民主政體（張灝《幽暗意識與民主傳統》，聯經出版）。至於人性非善非惡，如告子等觀點，或有善有惡，如王充、揚雄等，在中國不居於主流。西洋柏拉圖、亞里斯多德大體上都認爲人的心靈有多種特性所構成。柏拉圖心靈中的理性、情感、嗜慾，應發展成相應的統治者（哲學王）、軍人、一般技術者。以今日的觀點來看，恐易造成階級意識，且違反教育機會均等。亞氏最早有系統的發展智、德、體三育。東方哲學特重的人性爭議，西方則較以心靈的特性加以論述。一般讀者可能會認爲人性非善非惡或有善有惡，甚至於是性惡說，較符合一般經驗的事實，而認爲傳統儒家思想的性善說過於不切實際。其實，儒家思想的詮釋者，不管是宋明理學，或是 20 世紀的新儒家，對此都有非常豐富的討論，值得國人重新認識。

知識論與教育

　　如果用最簡單的二分法，理性主義（Rationalism）與經驗主義（Empiricism）是古典知識論的兩大派別。從知識的來源來看，經驗主義認爲經驗是人類知識的唯一可靠來源，即使是反省、思考、推理等作用，也是經驗的產物。理性主義則認爲理性與生俱有，人類普遍而正確的概念與知識，是來自於先天的理性思維。從哲學發展來看，理性論從柏拉圖、亞里斯多德到中世紀經院哲學、17 世紀的笛卡兒等算是西洋哲學的正統。經驗主義或可遠溯自希臘時期的辯者如普洛塔哥拉斯（Protagoras）提出「人爲萬物之權衡」，亞里斯多德也較柏拉圖更爲重視經驗的價值。在西洋古代哲學裡，經驗主義和理性主義的對立並不明顯，經驗主義一直到近代，英儒休莫、洛克等才算集大成。理性主義的心靈觀接近心靈實體說，經驗主義則接近心靈狀態說。以哲學派別來看，理性主義與觀念論較爲密切，經驗主義與實在論較爲接近。這些學派的界定，當然不同的學者有不同關注的重點與分類，讀者不必過於拘泥，靈活的在相關的脈絡中，掌握作者的旨趣。康德與杜威都致力於整合兩者。康德大概傾向於以理性論的角度去整合經驗主義，杜威則傾向於以經驗主義的角度去整合理性主義。康德在《純粹理性批判》、《實踐理性批判》、《判斷力批判》三書分別處理知識問題、道德問題、美學問題。康德認爲知識的構成——先驗的形式與後天材料——不可偏頗。我們認識外在對象，離不開空間；認識內心生活，離不了時間。時間與空間是先驗的感性形式，而先驗的悟性形式——十二範疇，則用以判斷、整理素材。簡單說來，人們之所以能獲得知識是接受到外在的經驗素材，在感性形式的架構下，經由悟性形式的整理，而獲得知識的保證。人類理性所能獲得的知識也侷限於此。由於康德是以三大「批判」聞名，有些著作也將其稱爲「批評主義」，讀者不要與法蘭克福學派的批判理論（critical theory）或晚近的批判教育學（critical pedagogy）混

淆。20 世紀，有些學者從社會學的角度出發，也挑戰了傳統哲學相關
的知識論。法蘭克福學派的集大成者哈伯馬斯（J. Habermas）曾把知識
分成三類，其一是科學與技術的經驗性的律則，這種建立在實證取向的
知識，有可能形成宰制、異化，使人類喪失主體性；其二是人文類知
識，是人類在歷史脈絡中，基於相互了解的實踐興趣，而產生互相移
情、理解的陶冶性知識，這類解釋性的知識當然也可能受制於歷史的傳
統而形成宰制；至於第三類解放的知識能促使人類自我反省，使人類從
前二類知識中走出，不役於物、不受制於意識型態的操控，真正彰顯人
主體性的自由。受到哈伯馬斯的影響，許多德國的學者如莫玲豪爾（K.
Mollenhauer）、布瑞欽卡（W. Brezinka）等，都有相當豐富的論述，
成為德國戰後教育哲學的特色，在 20 世紀中葉以後，也廣泛影響英美
學界，讀者可以參考楊深坑、梁福鎮的相關論述。

　　有別於傳統理性主義與經驗主義，20 世紀中葉的分析哲學，認為
傳統哲學家們誤用了語言。理性經驗、先驗、感性形式……，由於語言
的誤用，反而阻礙了哲學家互動的可能。各種哲學論述其實都是運用語
言、文字、符號、概念等企求精確的描述「實體」，哲學問題正是一連
串對「實體」的描繪，所以哲學問題也就成了語言問題。早年分析哲學
家們提出「檢證原則」，凡是不合乎檢證原則的命題，都沒有嚴格的認
知意義。後期分析哲學（如後期維根斯坦）則放寬了檢證原則的標準，
重視語言在社會脈絡的意義，而不侷限於邏輯、概念的檢查。分析哲學
對於教育的影響，就是教育分析哲學的產生，下文另有述及。與分析哲
學同時，胡塞爾的「現象學」，也是 20 世紀重要的哲學派別，現象學
重視「意識」的研究，較分析哲學更能滿足人類對內心世界的憧憬。美
國許多教育哲學教科書都把現象學、存在主義視為有別於分析哲學的另
一教育哲學進路，以葛琳（M. Greene）為代表，葛琳特別重視藝術、
美感經驗、想像力對於心靈解放的教育價值，有些學者如平納（W. F.
Pinar）等也重視課程中相關的美學議題，千禧年之後逐漸為台灣學者所

熟悉。後現代主義對知識的看法，奈特已在本書第五章中簡要述及，於此不論。簡而言之，羅逖（R. Rorty）認爲傳統哲學（包含分析哲學）都自認哲學爲一「自然之鏡」，哲學即是眞理的反應，可以映照出眞理的所在。羅逖認爲這是神話，人們應當以反諷、玩笑、吐槽……的方式去追求眞理。德希達的「解構」、德勒茲（G. Deleuze）的「褶縐空間」都說明了運用差異性之概念去正視各種多元的可能，才是眞理（如果有的話）探索的重點。讀者若能擺脫文字的迷障，知識論的探究，一定可以讓你用更多元的角度，去反思周遭的一切。

道德哲學與教育

吳俊升將道德哲學分成「主外派」與「主內派」，前者以快樂主義（Hedonism）、效益主義（Utilitarianism，或譯功利主義）爲代表，主外派認爲善即是帶給當事人及整體最大的快樂或利益，衡量善惡的標準是以行爲的「後果」（而非動機）爲考量。在道德教育上，重視行爲的外在表現，以獎勵與懲罰爲方法。斯賓塞（H. Spencer）所倡議之「自然懲罰」（盧梭也有類式的看法）或「邏輯後果」，學生犯了錯，儘量降低人爲的處罰，由學生自行去承擔犯錯後的自然代價，爲了避免此自然「代價」，學生自然會從中學到教訓而端正行爲。此一方法仍然爲今日自由主義者所讚許。當然，過度用人爲賞善罰惡的方法，有時也會破壞學生的自主性，無助於道德自律，用賄賂或糖衣的方法討好學生就更等而下之了。主內派則以康德的「義務論」爲代表，康德認爲衡量善惡的標準不應該是各種行爲利害的後果考量（這是他律），道德是人類訴諸理性，擺脫情感、好惡、利害，只服從普遍意志的行爲，行善本身即爲目的，並非爲了獲致其他好處的手段，康德這種嚴格的道德自律，著重在道德的意志培養。20 世紀中葉以後的許多西方學者，引申康德的道德自律概念，認爲「自主性」（autonomy）不僅是道德教育目標，更是整個教育的理想。於此，原先康德對道德性質的討論，已成爲西方自

由主義下個人生活方式的理想展現。簡而言之，主外派與主內派在西方啓蒙運動以後，共同構成了自由民主體制共通規範的理論基礎。主外派的主張，有助於解決爭議（少數服從多數），主內派則挺立了人性的尊嚴，確保了基本的人權（多數尊重少數）。具體表現在道德教育上，由於自由主義傾向於以價值中立的方式處理價值衝突，20世紀戰後以降，西方自由主義國家大概都把德育視爲道德認知的推理，鼓勵學生相互討論。郭爾堡的「道德認知發展論」及瑞斯（L. E. Raths）等的價值澄清法，都體現了西方自由主義德育的精神。不過，1980年代以後，可能是西方自由主義重視個人主義所導致的社會疏離及資本主義商業邏輯腐蝕了傳統美德，建立在亞里斯多德的德行倫理學（virtue ethics）復甦，由之應運而生的品格教育（character education）重新受到重視，習慣的養成也再度被強調，這些美德在1970年代郭爾堡道德認知發展論者看來，都不脫「灌輸」的嫌疑。當然，今日之品格教育推行者也期待能慎防道德灌輸的弊端。另有些學者，如多元文化主義、女性主義、後現代主義、後殖民主義者同樣不滿自由主義，他（她）們認爲自由主義所標榜的價值中立，其實偷渡了西方中產階級白人男性的意識型態，德育的推行在於「揭露」及批判已有的主流道德偏見，爲弱勢者發聲。部分女性主義者如姬莉根（C. Gilligan）及諾丁（N. Noddings）更發展關懷倫理學（care ethics）強調情感的面向，挑戰主流郭爾堡的道德認知發展論。後現代以降的觀點，其實可以遠溯到19世紀的尼采（F. Nietzsche）挑戰當時的基督教。此外，像傅柯（M. Foucault）晚年，特別重視自我倫理學的探索，透過自我技藝及自我修養，傅柯擺脫了傳統規範倫理學，而關注自身在生活周遭中的化成與改變，此即傅柯的「存有美學」，相關的論述日益受到重視。

　　希望以上的說明，能彌補奈特原書的不足。不過，筆者要特別提醒讀者，以上的說明實在是掛一漏萬，也不可避免曲解了許多哲學概念。讀者絕不能抱著考試背答案的態度來自我設限，應該更廣泛的閱讀

其他著作。

教育分析哲學

　　譯者整理美國教育哲學文獻，將教育分析哲學界定成四個階段：萌發、突顯、壯大、蛻變。茲加以分述之。

萌發階段：哈帝的啟蒙

　　澳大利亞的哈帝（C. D. Hardie）在 1942 年首先出版《真假教育理論》一書，在其書中序言，哈帝已經指出了摩爾、維根斯坦等劍橋分析學派有助於釐清教育語言中的種種混亂，哈帝正是希望建立一理論之基礎以客觀評估赫爾巴特與杜威之教育理論。以今日之觀點來看，哈帝確實已掌握了教育分析之精神。值得注意的是，這本原創性很濃的著作，可能受到西方世界正面臨大戰的當口，在當時幾乎沒有什麼影響。有學者指出，澳大利亞本來可以比英、美更早建立起教育分析哲學的學術性地位，但是哈帝卻是持分析之立場貶抑教育哲學，並沒有想到要利用分析強化教育哲學之學術性。《真假教育理論》後來由美國學者馬卡蘭（J. E. McClellan）與柯密撒（B. P. Komisar）協助由哥倫比亞大學師範學院出版，已經是 1962 年了，顯然哈帝的著作在 1940、1950 年代，並未深中美國教育哲學界，嚴格說來，並不能算是啟蒙，但是一般學者在撰述教育分析哲學發展史時，仍然會把啟蒙的皇冠加在《真假教育理論》一書上。

突顯時期：謝富樂與歐康諾之催生

　　筆者前節已經指出了，1940-1950 年代美國學者有感於教育哲學之學術性薄弱，逐漸重視其哲學性，各學派立場突顯，互不相讓。即使

NSSE 1954 年的年書，仍是以此爲導向。謝富樂首先於 1953 年在美國科學促進會（American Association for the Advancement of Science）發表〈邁向教育分析哲學〉一文，並於次年載於《哈佛教育評論》，已吸引了學者之注意。布勞岱（H. Broudy）及普來斯（K. Price）更在 1955 年「美國哲學會」（American Philosophical Association）東部分會的教育哲學研討會上發表論文，強化教育哲學學術的必要性。與謝富樂相較，布勞岱更明確的批評了教育哲學的學派取向。他認爲教育哲學應致力於其理論之建構（theory building），一方面以邏輯、知識論、形上學、倫理學及一般價值理論作爲概念或論證之來源，去處理教育問題，第二條路則是應用哲學學派立場，去處理教育問題（布勞岱未否定學派立場，只論及其助益不大）。理論建構後，接下來教育哲學的工作是「理論評估」（theory evaluation），布勞岱認爲語言與概念的分析，值得強調。

值得注意的是，布、普二氏及謝富樂的論文都發表在專業的哲學或科學研討會上，他們的目的仍是希望強化教育哲學的學術性。布、普二氏的論文發表後，受謝富樂主導的《哈佛教育評論》1956 年春季號，立刻針對此文，廣邀哲學學者與教育學者討論教育哲學的內容與方法，似有與 1954 年 NSSE 年書互別苗頭之意味，從教育哲學發展史的觀點來看，1950 年代中，教育哲學家們仍游移於哲學與教育之間，暫時未能掌握教育哲學的方向。

1956 年的《哈佛教育評論》，既是受謝富樂所影響，編輯們明白指出，該次研討之主題及所有內容，均得力於謝富樂之運籌。爲什麼謝富樂不趁此機會，強化教育分析哲學呢？謝氏在該期發表的是傳統教育哲學之論文〈教育自由主義與杜威哲學〉。筆者的推論是當時仍未有足夠的分析哲學家願意關懷教育，再者，教育哲學歷經學派式的努力後，已有相當的成果，也面臨了瓶頸。事實上，在該次研討中，已若隱若現的看出了教育分析的影子。布、普二氏的論文即明白擁護教育分

析，與會的學者們也率多從評論布、普二氏之文爲發端，去討論哲學家
與教育家應如何分工合作，以確立教育哲學之內容。

　　「教育分析哲學」的口號在 1953 年已被謝富樂提出，經布、普二
氏的推波助瀾，雖然《哈佛教育評論》與會的諸學者們意見不一，但至
少以「分析」來強化教育哲學學術性之看法，已愈來愈引起注意，只缺
「臨門一腳」了。歐康諾（D. J. O'Connor）在 1957 年出版《教育哲學
導論》一書，影響極爲深遠，英、美都感同身受。歐康諾在這本小冊子
中，雖然一開始就指出教育涉及：(1) 一組傳遞知識、技能與態度之技
術；(2) 一組支持去解釋或證立這些技術使用的理論；(3) 一組價值或觀
念，表現在所欲傳遞的知識、技能與態度之目的上，以指引各種教、訓
之方式，其中第 (3) 部分涉及哲學。初看似與傳統哲學無異，但他卻運
用分析方法來處理「價值判斷」（value judgement）、「理論」（theo-
ries）、「解釋」（explanations）、「教育理論」（educational theory）、
「道德和宗教」（morals and religion）等概念。歐康諾是英國名哲學
家，他在 1957 年於英國出版《教育哲學導論》，影響極爲深遠。由於
在 1950 年代初，謝富樂就已經在哈佛倡導教育分析，所以歐康諾之著
作雖非美國本土之產物，但也促成了美國教育分析的聲勢。

　　謝富樂在 1958 年編輯了一本《哲學與教育》之論文集，作爲教育
分析的教科書，其中所選的文章是出自世界級的專業哲學家之手，如倫
理學情緒論之史帝文生（C. L. Stevenson）、後設倫理學者黑爾（R. M.
Hare）、分析學者萊爾（G. Ryle）、科學哲學大師納格爾（E. Nagel）
等，這也可看出，此時的美國，在謝富樂的倡導下，已逐漸從分析哲學
中汲取營養，去具體建構教育哲學了，易言之，在 1950 年代，新興的
教育哲學家們或出於對傳統學派式教育哲學之不滿，或出於欲藉分析來
強化教育哲學學術性，或是受到謝富樂等學者之直接教導與啓發，大致
都有了共識，即教育分析哲學的時代已經到來。

壯大時期：1960 年代

謝富樂在 1960 年代，有兩本重要的著作出版，《教育的語言》與《知識的條件》，成為美國教育分析的重要經典。史密斯（B. O. Smith）與艾尼斯（R. Ennis）主編之《教育的語言與概念》是美國 1960年代，重要的教育分析哲學論文集。謝富樂在 1966 年再版之《哲學與教育》與 1958 年版相較，更多出自於教育分析學者之手。而當時重要的教育哲學期刊諸如 Educational Theory、Studies in Philosophy and Education、Educational Philosophy and Theory 都有相當多的教育分析論述。譯者認為在此一階段，美國教育分析有下列重點：

1. 針對教育論述的邏輯進行剖析，諸如定義、口號、隱喻等，從而使教育工作者在討論教育理念時，能更注意所使用語言的意義。

2. 針對「教學」概念的分析，具體的顯現分析在教育語言的澄清作用，與英國對「教育」的三大規準分析——合認知性、合價值性、合自願性，異曲同工。

3. 針對各種類型的認知加以剖析，使教育目標、教育方法與教育內容的關係更明確，藉著對各種認知（知道）（know）類型相互轉換的探討，分析學者對於知識教學、道德教學，乃至藝術教學等，都提供了許多有用的模式。當然，這些文獻都相當的專技，也引起了許多的批評，認為分析無助於實際的教學。

蛻變時期

約在 1970 年代，教育分析學者開始質疑分析本身的限制，其實早在 1950、1960 年代，就有多位學者提出批評。梭爾提士（J. F. Soltis, 1971）在 1970 年代初發表〈教育哲學的分析與異例〉，他認為教育分析有內外在限制，分析技術本身無法完全為學習過程提出合理的說明

與建議，分析也無法處理教育所涉及之外在價值與社會問題。艾迪（E. Edel, 1972）在〈十字路口的教育分析哲學〉一文，也認為分析應整合經驗科學及社會歷史情境。雖然如此，在美國教育哲學會中的年度論文集，仍然有多篇探討教育分析之論文。不過，觀乎 1970 年代以後主要的教育哲學教科書，大部分的著作均把教育分析視為一學派而已。與英倫教育哲學相較，教育分析在 1970 年代的美國，並未居於主導地位。

英國以皮德斯為首的學者於 1965 年成立「大英教育哲學會」，之後英倫的教育分析發皇快速。在此之前，皮德斯曾以化約主義——批評傳統教育哲學學派取向，歷史主義——批評教育哲學只是繁瑣的教育人物思想，格言主義——許多充滿教育智慧格言的論述，痛斥傳統教育哲學方法之缺失。在皮德斯的卓越領導下，英國的教育哲學——倫敦路線，成為全球教育哲學的重鎮，吸引全世界學子取經。國內先進歐陽教躬逢其時，親炙皮德斯，在 1970 年代初，即帶回了觀念分析的教育思潮，影響臺灣教育哲學深遠。雖然有美國學者 Burbules 指出，美國為首的教育分析哲學家在 1960 年代對分析的堅持尤勝於英國，但正當英倫教育分析最成熟的時候，美國卻逐漸走入瓶頸。當然，英倫的教育分析在 1980 年代後也經歷了蛻變，馬克思、亞里斯多德等之理念又重新吸引英倫學者之注意。美國畢竟幅員廣大，教育分析在 1970 年代的美國，相較於英國似未有更成熟的發展，另一方面，分析的蛻變形成了進一步之整合與多元的發展，也影響了 1980 年代教育哲學的風貌。

教育哲學的多元發展

歷經 1960、1970 年代之分析。教育哲學對日益多變的教育風貌，逐漸喪失了發言權，至 1980 年代，也引起了重新之反省，美國「國家教育研究會」在 1941、1954 年均以探討教育哲學為重點，在 1980 年由

分析學者梭爾提士任主編，出版《哲學和教育》一書，分別由名重一時之美國教育哲學學者撰寫「課程理論」、「教學理論」、「知識論」、「美學」、「邏輯」、「倫理學」、「社會哲學」、「科學哲學」及「形上學」等領域之教育哲學論文。其中布勞岱（H. Broudy）曾經提出一般教育工作者可以期待教育哲學之處，也頗能彰顯美國 1980 年代教育哲學之特色：

1. 雖然不是所有的教育問題都與教育哲學有關，有些是關乎經濟、行政、技術或科學事實；不過教育哲學家有責任去探索影響學校教育的一些普遍性問題，以教育工作者能理解的語言提出其哲學觀點與方法。爲了使兩者能互通，在師資養成階段，教育哲學的課程不可免。

2. 雖然許多教育問題有不同的看法，教育哲學家們不能只持守自己的教育觀，他有責任把這些爭議的來龍去脈向教育工作者說明清楚，不至於產生歧義、含混的現象。

3. 教育哲學家們應致力去探索各種教育主張與政策，審愼地評估其後果及可行性。

4. 教育哲學家也應該爲教育工作者提供一個綜合性、系統性及一致性的教育信念與論證，爲教育提供一個圓滿的視野，使教育與生活哲學完美地結合在一起。

5. 教育哲學家應勇於疾呼理性的討論與探索的自由，以取代一元化的標準。

教育哲學作爲一門教育專業的學術領域，也必須要能回應實際的教育問題。傳統學派式之教育哲學取向以及教育分析，不見得能爲實際的教育問題提供切近的良方。所以針對這些由實務而引發觀念爭議的「大問題」，就成爲教育哲學學者必須致力的重點。像是均等與卓越如何兼顧？學生個性（個別化教學）與群性（合作教學）如何調適？公私立學校功能之定位爲何？性或宗教教育應否在學校實施？精英與大眾教育如

何取得平衡？諾爾（J. W. Noll, 1985）主編之《教育問題的二極紛爭》、畢崔斯與葛樂士（Beatrice & Gross, 1985）主編之《學校大爭議──美國教育往何處去？》、李奇（M. Rich, 1988）主編之《教育改革》，均是「大問題」取向之教育哲學文集。

時序進入「後現代」，各種後學──後現代、後結構、後殖民，也逐漸成爲教育哲學的學派之一，譯者梳理 1980、1990 年代美國教育哲學的研究趨向，發現「分析」雖不再成爲主流，但分析的精神確已融入英美教育哲學生態中，當年備受分析「打壓」的傳統或歐陸哲學業已重新展現生命力。眾聲喧嘩的多元風貌已儼然成形。倫敦路線隨著 1980 年代第一代分析大師的榮退，千禧年之後，第二代如 John White、T. H. McLaughlin、R. Dearden 等也屆齡退休或凋零。大英《教育哲學期刊》在後結構論者如 Richard Smith、Paul Standish 等的操盤下，也呈現多元的風貌。教育哲學當然必須時時體察時代的學術氛圍，也必須扣緊教育議題。譯者回顧英美發展，前瞻未來教育哲學探索的使命，茲歸納如後：

1. 各種重大教育改革所涉及哲學與教育理念爭議之探討，諸如「派代亞計畫」、「國家在危機之中」等、英國的國訂課程等。臺灣 1990 年代以降的教育改革，並未經過縝密的哲學論述，應該加以強化。

2. 傳統教育哲學人物、理念之重新詮釋。如羅逊詮釋杜威實用主義的後現代意涵，後結構主義學者重新肯定尼采的價值等。華人世界的教育哲學工作者也應有系統的用嶄新的視野重溫自先秦孔子到當代蔡元培等的哲思。

3. 女性主義教育哲學的建構，在 1980 年代以後日益受到重視。諸如珍・馬丁（Jane Roland Martin）反省傳統及分析取向教育哲學家杜威、皮德思等所建構之教育理念，是以男性之理性思維爲主導，所以在教育目標之設定上，忽略了女性之特質。女性

主義對臺灣教育理論與實務的影響也逾十年，值得學者擺脫情緒的好惡（無論是贊成還是反對）加以正視，女性主義學者也應時時自我檢視，勿淪爲另一種霸權而不自知。

4. 西方世界重視各種教育問題涉及之法學論證。諸如兒童權利、受教權、義務教育、父母選擇學校權等。教育學者所須具備的不是犀利的法律知識，而是嚴密的論證與推理。相形之下，國內教育哲學似較爲缺乏類似的討論。千禧年之後，臺灣人權相關議題等日益受到重視，雖然教育分析方法在西方已經式微，但國內仍應強化教育哲學證成（justification）的特色。

5. 涉及各種教育理論或實踐（educational practice）的知識反省。在美國各種「實作」（practical）的教育理念、教師實際的反省思考……已吸引了教育心理、課程教學，乃至教育社會學者的關注。教育哲學學者也逐漸注意此一面向所涉及有關哲學知識、倫理學上的探討，《大英教育哲學期刊》在 1980 年代以後系列探討亞里斯多德實踐概念及其在教育及德育的蘊義，即爲顯例。而實踐概念所涉及的教育研究方法論的相關討論，也吸引了許多學者的討論。

6. 各種社會爭議所涉及教育的倫理反思。如情慾或性傾向多元、同性戀正式公開於校園，部分學者認爲會引起學校管理上的困擾，另外有些學者則痛斥前述立場學者的霸權心態。這些另類學生所享之權利能否以學校「安全」之理由加以剝奪？有些學者對許多大學生的學習心態、生活作息不滿，另有些學者則呼籲要重視大學生多元的風貌，不一而足。譯者認爲，教育哲學可以更強化其應用倫理學的色彩，因爲這些爭議的回應，很難單靠教育心理、行政、諮商輔導等學門，它們必須透過倫理學上的證成，才能成爲學校可資取法之政策。

教育哲學作爲一教育專業的學術領域，在英美的確有式微之勢。

也許在教育大學教育學院或教育學程中心的專業課程中，它的實用性遠遜於其他學門。這種現象也逐漸影響到國內的教育生態中。或許，教育哲學必須要從孤芳自賞中走出，實際的關切教育實際問題。而一般教育工作者也必須放棄狹隘實用之觀點，不要以一種功利、速成的態度去要求教育哲學。依譯者之見，教育哲學對於一般教育工作者之貢獻在於：(1) 使教育工作者能針對教育問題作廣泛而深入之思考，從而澄清或解決爭議所在；(2) 強化個人的教育信念，從而使教師的表現植基於圓滿的專業知識與精神基礎上。

　　本文已經把英美 20 世紀教育哲學之發展作了整理，希望能夠有助於讀者更能掌握教育哲學的特性。當然，作爲一位臺灣教育工作者，了解英美教育哲學並不是我們的目的，譯者也期待國內同道能夠本著他山之石的態度，結合傳統中國哲學、教育素材構思，配合著臺灣教育的現貌，早日建構一套華人社會適用的教育哲學。而不淪爲國外教育哲學的附庸。

　　最後筆者要再次強調，教育哲學的學習絕不能淪爲考試的背誦。讀者閱讀本書時，一定要多加思考、比較。雖然本書已是綱舉目張，仍不免出現許多哲學術語、人名，讀者一回生、二回熟，不要望而卻步。假設你在師資培育過程中，因爲修過教育哲學科目，也期待本書與本附錄能有助於您獲得一最精簡的教育哲學輪廓，且讓我們共同爲思索臺灣的教育而努力。

參考書目

簡成熙（1996）。理性、分析、教育人。臺北：師大書苑。

Beatrice & Gross Ronald (eds.) (1985). *The Great School Debate*. N. Y.: Simon & Schuster, Inc.

Beck, Clive M. (1991). North American, British and Australian philosophy of Education from 1941 to 1991: Links, Trends, Prospects, *Educational Theory*. 41 (3): 311-320.

Broudy, H. (1955). How Philosophical Can Philosophy of Education be? *Journal of Philosophy*. LII (October), 612-622.

Broudy, H. (1964). The Role of Analysis in Educational Philosophy. *Educational Theory*. 14 (October), 261-269, 285.

Broudy, H. (1981). Between the Yearbooks, J. F. Soltis (ed.) *Philosophy and Education*. University of Chicago Press.

Bremeld, T. B. (1956). *Toward a Reconstructioned Philosophy of Education*. N. Y.: Dryden.

Burbules, N.C. (1989). Issues and Trends in the Philosophy of Education. *Educational Administration Quarterly*. 25 (3), 229-252.

Chambliss, J. J. (1968). *The Origins of American Philosophy of Education: Its Development as a Distinct Discipline, 1803-1913*. The Hague. Netherlands: Martinus Nijhoff.

Edel, A. (1972). Analytic Philosophy of Education at the Crossroads. In J. F. Doyle (ed.) *Educational Judgments*. London: Rontledge and Kegan paul.

Giarelli, J. M. & Chambliss, J. J. (1991). The Foundations of Professionalism: Fifty Years of the Philosophy of Education Society in Retrospect. *Educational Theory*, 41 (3), 265-274.

Gutek. G. L. (1988). *Philosophical and Ideological Perspectives on Education*. Englewood Cliffs, N. J.: Prentice-Hall, Inc.

Hardie, C. D. (1962). *Truth and Fallacy in Educational Theory*. N. Y.: Teachers College Press.

Henry, N. B. (1942). *The Forty-First Yearbook of National Society for the Study of Education. (Part I), Philosophies of Education*. Norwood, Mass.:

The Plimpton Press.

Kaminsky (1993). *A new history of educational philosophy*. Westport, CT.: Greenwood Press.

Noll, J. W. (ed) (1985). *Taking sides: Clashing view on controversial issues*. Guilford, Conn. :The Dushkin Publishing.

Maloney, K. E. (1985). Philosophy of Education: Definitions of the Field, 1942-1982. *Educational Studies*. 16 (3), 235-258.

Martin, J. R. (1982). Excluding Women from the Educational Realm. *Harvard Educational Review*. 52 (2), 133-148.

Morris, V. C. & Pai, Y. (1976). *Philosophy and the American School*. Boston: Hou Ghotn Mifflin Company.

O'Connor, D. J. (1957). *An Introduction to the Philosophy of Education*. London: Routledge & Kegan Paul.

Price, K. (1995). Is a Philosophy of Education Necessary? *Journal of Philosophy*. LII (October), 00622-633.

Rich, J. M. (1988). *Inovation in Education: Reforms and Their Critics*. Boston: Allyn & Bacon.

Scheffler, I. (1960). *The Language of Education*. Springfield: Charles C. Thomas.

Scheffler, I. (1965). *Conditions of Knowledge: An Introduction to Epistemology and Education*. Chicago: Scott, Foresman.

Siegel, H. (1981). The Future and Purpose of Philosophy of Education. *Educational Theory*. 31, 11-15.

Smith, B. O. & Ennis, R. H. (1961). *Language and Concepts in Education*. Chicago: Rond McNally & Company.

Soltis, J. F. (1971). Analysis and Anomalies in Philosophy of Education. *Educational Philosophy and Theory*. 3, 37-50.

Soltis, J. F. (1983). Perspectives on Philosophy of Education. *Journal of Thought*. 18 :14-21.

Soltis, J. F. (1985). *An Introduction to the Analysis of Educational Concepts*. Lanham: University Press of America.

Strain, J. P. (1964). A Critique of Philosophy Analysis in Education. *Educational Theory*. Educational Theory. 14 (April): 187-193, 228.

Suttle, B. B. (1974). The Identity Crisis in Philosophy of Education. *Educational Theory*. 24: 276-283.

Walton, J. & Kuethe, J. (eds.) (1963). *The Discipline of Education*. Madison: University of Wisconsin Press.

延伸閱讀

作為一翻譯性之著作，譯者不宜有太大的主體性，原書作者已列有完整的英文書目，但考量到有許多師資培育課程是以本書作為教科書，譯者特別列出一些中文教育哲學教科書的特色，以及最近國外最重要的教育哲學文集，殷殷期盼能對教師及學子提供助益。

吳俊升的《教育哲學大綱》（商務），仍值得學子（特別是研究生）仔細研閱，歐陽教之《教育哲學導論》（文景）及李奉儒之《教育哲學：分析的取向》（揚智）代表了倫敦路線的成果。邱兆偉主編的《教育哲學》、《當代教育哲學》（俱為師大書苑），則是國內眾多學者以教育哲學派別加以論述的佳作。歐陽教主編的《教育哲學》（麗文），也是國內學者的集體成果。馮朝霖之《教育哲學專論：主體、情性與創化》（高等教育），表現了歐陸思潮的特色。梁福鎮之《普通教育學》（師大書苑）及《審美教育學》（五南），也都表現了德國的學術傳統。林建福之《教育哲學：情緒的特殊觀照》（五南）、彭孟堯

之《教育哲學》（學富），特別值得研究生參考。陳迺臣的《教育哲學》、《教育哲學導論》（俱為心理出版社），整合了中西，甚至是佛學的智慧。張光甫的《教育哲學：中西哲學的觀點》（雙葉），對儒家及道家的教育思想，有深入的說明。當然賈馥茗系列的作品，最能代表中國思想傳統。簡成熙之《教育哲學：理念、專題與實務》、《教育哲學專論：當分析哲學遇上女性主義》（俱為高等教育出版），分別以大學生及研究生為對象，均值得讀者進一步參考。

　　有關翻譯著作方面，除本書外，近年來，卯靜儒等譯自 B. J. Thayer-Bacon 等著之《教育的應用哲學》（學富）、黃藿等所譯 D. Carr 之《教育意義的重建》（學富）及劉育忠所譯 Ozmon & Craver 之《教育哲學》（五南），俱為英美近年來重要的教育哲學教科書。前兩本是以教育主題為綱，後者則是以教育哲學派別作鋪陳，均值得讀者參考。

　　台灣 TSSCI 之教育期刊，雖然有些會以教育哲學為主題，但過於零散。《教育資料與研究》66 期（2005），以教育哲學為主題，可算是臺灣近年來最有系統回顧與前瞻教育哲學的書刊。有黃藿、林仁傑及陳伊琳對英國教育哲學及英國《教育哲學期刊》的分析。簡成熙評述臺灣戰後 1949-2005 年教育哲學發展的態勢。以及郭實渝、楊洲松、方永泉、梁福鎮對分析哲學、後現代思潮、批判取向教育哲學及德國普通教育學之專文，最值得參考。

　　至於國外近十年來新的教育哲學教科書不算太多，但大出版社都有教育哲學文集的出版。諸如 Hirst, P. & White, J (Eds) (1997). *Philosophy of education: Major themes in the analytic tradition*, London: Routledge. 林逢祺、洪仁進等已導讀了此四巨冊，嘉惠國內學子獨多。Black, N, Smeyers, R, Smith, R & Standish, P. (2003). *The Blackwell guide to the philosophy of education*. Oxford: Blackwell Publishers Ltd.; Carr, Wilfred (Ed) (2005). *The RoutledgeFalmer reader in philosophy of education*. London: Routledge.; Curren, R. (2003). *A companion to the philosophy of education*.

Oxford: Blackwell Publishing Ltd.; Curren, R. (Ed.). (2007). *Philosophy of education: An anthology*. Oxford: Blackwell Publishing.; Siegel, H. (Ed) (2009). *The Oxford handbook of philosophy of education*. Oxford: University of Oxford Press. Bailey, R., Barrow, R., Carr, D., and McCarthy, C. (Eds) (2010). *The SAGE handbook of philosophy of education*. London: SAGE Publications Ltd. Smeyers, P. (Ed.). (2018). International handbook of philosophy of education. Springer. Hytten, K. (Ed.). (2022). *The Oxford encyclopedia of philosophy of education*. Oxford University Press. 這些著作大體上都反映了近二十年來西方世界教育哲學的重要議題。

國家圖書館出版品預行編目資料

教育哲學導論／George R. Knight著；簡成熙
　譯. ――五版. ――臺北市：五南圖書出版
　股份有限公司, 2024.09
　面；　公分
譯自：Issues and alternatives in
　　　 educational philosophy
ISBN 978-626-393-579-2（平裝）

1.CST: 教育哲學

520.11　　　　　　　　　　113010624

1W6

教育哲學導論

作　　者 ― George R. Knight

譯　　者 ― 簡成熙

企劃主編 ― 黃文瓊

責任編輯 ― 黃淑真、李敏華

文字校對 ― 黃淑真

封面設計 ― 封怡彤

出 版 者 ― 五南圖書出版股份有限公司

發 行 人 ― 楊榮川

總 經 理 ― 楊士清

總 編 輯 ― 楊秀麗

地　　址：106臺北市大安區和平東路二段339號4樓

電　　話：(02)2705-5066

網　　址：https://www.wunan.com.tw

電子郵件：wunan@wunan.com.tw

劃撥帳號：01068953

戶　　名：五南圖書出版股份有限公司

法律顧問　林勝安律師

出版日期　1995年 5 月初版一刷
　　　　　2002年10月二版一刷（共十刷）
　　　　　2010年 3 月三版一刷（共十三刷）
　　　　　2018年 8 月四版一刷（共九刷）
　　　　　2024年 9 月五版一刷

定　　價　新臺幣390元